U0914424

文联版
http://www.clapnet.cn

《李二嫂改嫁》，郎咸芬饰李二嫂

《苦菜花》，郎咸芬饰冯大娘

《蔡文姬》，郎咸芬饰蔡文姬

《梨花狱》，郎咸芬饰武则天

《蔡文姬》，郎咸芬饰蔡文姬

《李二嫂改嫁》，郎咸芬饰李二嫂

《李二嫂改嫁》，郎咸芬饰李二嫂

《李二嫂改嫁》，郎咸芬饰李二嫂

《苦菜花》，郎咸芬饰冯大娘

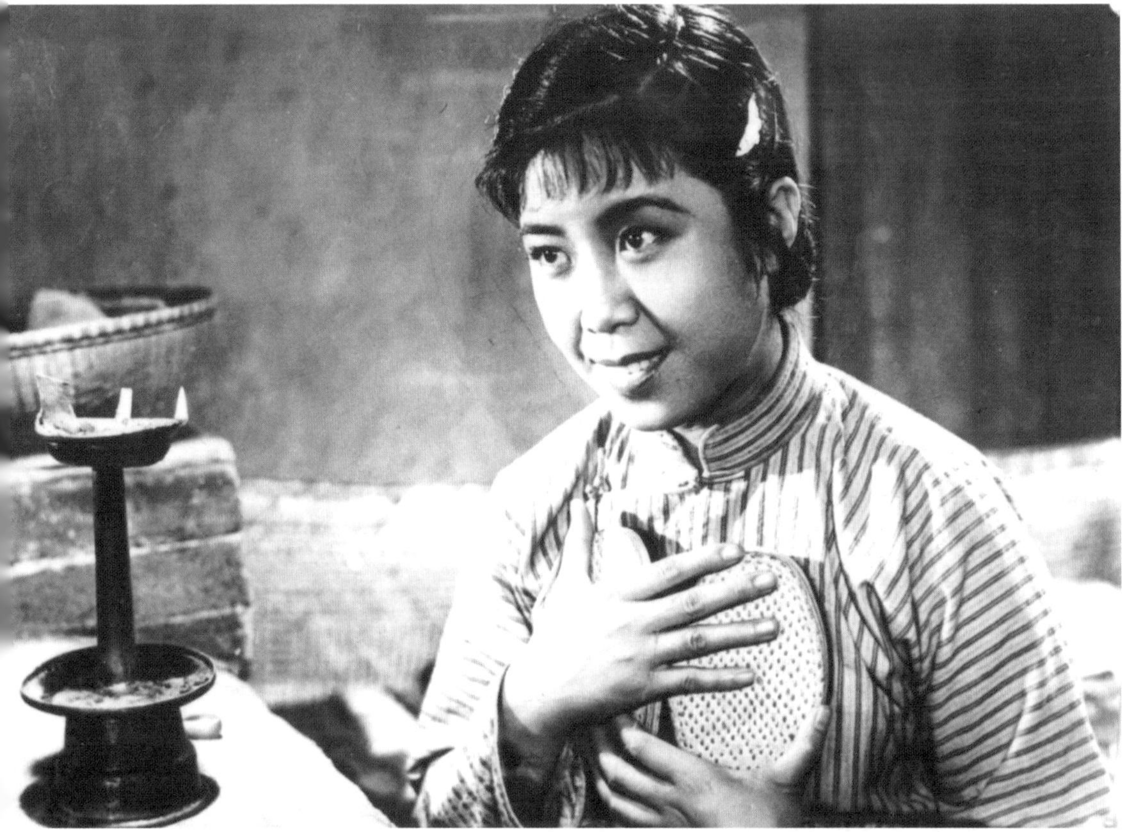

《李二嫂改嫁》，郎咸芬饰李二嫂

《蔡文姬》，郎咸芬饰祭文姬

《蔡文姬》，郎咸芬饰蔡文姬

《梨花狱》，郎咸芬饰武则天

《苦菜花》，郎咸芬饰冯大娘

青年时期的郎咸芬

老年时期的郎咸芬

中国非物质文化遗产
传统戏剧传承人传记丛书

INHERITORS OF TRADITIONAL OPERA,
CHINESE INTANGIBLE CULTURAL HERITAGE:
A SERIES OF BIOGRAPHIES

丛书主编◎谢柏梁

郎咸芬传记

THE BIOGRAPHY OF
LANG XIAN FEN

赵峰　于学剑◎著

济南艺术创作研究院　编

中国文联出版社
http://www.clapnet.cn

图书在版编目（CIP）数据

郎咸芬传记 / 赵峰，于学剑著 . -- 北京 : 中国文联出版社，2018. 6

（中国非物质文化遗产传统戏剧传承人传记丛书 / 谢柏梁主编）

ISBN 978-7-5190-3539-6

Ⅰ . ①郎…　Ⅱ . ①赵…　②于…　Ⅲ . ①郎咸芬—传记　Ⅳ . ① K825.78

中国版本图书馆 CIP 数据核字（2018）第 048626 号

郎咸芬传记

作　　者：赵　峰　于学剑

出 版 人：朱　庆

终 审 人：朱彦玲　　复 审 人：周劲松

责任编辑：李成伟　张凯默　　责任校对：傅泉泽

封面设计：马庆晓　　责任印刷：陈　晨

出版发行：中国文联出版社

地　　址：北京市朝阳区农展馆南里 10 号，100125

电　　话：010-85923060（咨询）010-85923000（编务）010-85923020（邮购）

传　　真：010-85923000（总编室），010-85923020（发行部）

网　　址：http://www.clapnet.cn　　http://www.claplus.cn

E - mail：clap@clapnet.cn　　panshijing@clapnet.cn

印　　刷：中煤（北京）印务有限公司

装　　订：中煤（北京）印务有限公司

法律顾问：北京市德鸿律师事务所王振勇律师

本书如有破损、缺页、装订错误，请与本社联系调换

开　　本：710 × 1000　　1/16

字　　数：183 千字　　印 张：13.25

版　　次：2018 年 6 月第 1 版　　印 次：2018 年 6 月第 1 次印刷

书　　号：978-7-5190-3539-6

定　　价：50.00 元

版权所有　翻印必究

总　序

谢柏梁

一

在宇宙的浩瀚星空中，我们人类所居住的地球，无疑是最有灵性的星球之一。

人类作为地球的主人，其源远流长的创造与发展变化的历史，主要由各行各业的杰出人物所代表，由各色各样的奋斗历程所体现。

在美丽地球的东方世界，在古老而又年轻的中国，历朝历代的大家们，一向以对各式各类人物事迹的记述与描摹作为己任。我国的人物传记体裁丰富多样，大致可以分为纪传（皇家大事记）、文传（文学化传记）、史传（历史家所写人物传记）、志传（各地方志中所记载的本地人物传记）这四大类别。四类传记互为补充，构成了中国传记文化的多元谱系。

从左史记言、右史记事的专业化分工，到《左传》《国语》《战国策》式的整体氛围感的描述，最后由司马迁振臂一呼，以人物传记体为中心的《史记》横空出世。《史记》记载了地球东方的上自传说中的黄帝时代、下至汉武帝元狩元年（前 122 年）共三千多年的华夏历史。概述历代帝王本末的十二本纪，记录诸侯国和汉代诸侯兴废的三十世家，描摹重大历史人物的七十列传，使之成为号称“史家之绝唱，无韵之离骚”的中国历史上第一部纪传体通史。

在《史记·孔子世家》所记载的夹谷会盟中，孔夫子面对“优倡侏儒为戏而前”的表演场面，在非常严肃而力图放松的外交场合下，做出了特别粗暴野蛮的极端化处理。这也成为历代梨园界对于孔子不够恭敬的源头。此后历代史书方志，都不同程度地涉及优伶们的言行事迹。

魏晋以降，文史两家由混成到分野，自一体而两适。文者重藻饰心曲，史家倡材料事实，各臻其至，泾渭分明。隋唐而后，碑铭行传，五花八门，高手操觚，佳作如云。韩愈《祭十二郎文》情深委婉，柳宗元为慧能所作碑文机趣横生。

北宋乐史作《太平寰宇记》，分地区而织入姓氏人物，因人物又详及诗词、官职，“后来方志必列人物艺文者，其体皆始于史”(《四库全书总目提要》)。

太平世界，因人物而繁盛；梨园天地，赖优伶而生存。

美妙绝伦的中华戏曲艺术从唐代的梨园开始，至少存在了漫长的十个世纪。千百年以来，戏曲艺术一直在蓬勃兴旺地发展，成为中国人民雅俗共赏的朵朵奇葩、民族文化中不可忽视的重要部类、戏剧天地内中华文化的闪亮名片、国际社会审美天地中的东方奇观。

较早对优伶进行分类撰述的史书，是宋代大文学家欧阳修的《新五代史》。该书包含了分类列传45卷，这种分类传的体例较有特色，其中就包括了《伶官传》。

一向被人们所津津乐道，甚至还被收入到中学教科书的《五代史伶官传序》云:“《书》曰:‘满招损，谦受益。’忧劳可以兴国，逸豫可以亡身，自然之理也。故方其盛也，举天下之豪杰，莫能与之争；及其衰也，数十伶人困之，而身死国灭，为天下笑。夫祸患常积于忽微，而智勇多困于所溺，岂独伶人也哉！”尽管欧阳修的本意是说祸患之起乃多方面的原因所累积爆发而成，但还是对表演艺术家们带来了较大的负面影响。

与东土中国的情形完全不同，西方世界对于戏剧艺术家的看法与评价完全不一样。对于以三大悲剧家和一大喜剧家作为代表的古希腊戏剧家，对于以莎士比亚、歌德、席勒等的西方戏剧界的灿烂星座，西方人给予无限崇敬和由衷热爱。

晚清以来最早睁开眼睛看世界的中国人，是那些在西方世界出使、考察或者读书的官员士子。当他们瞻仰到西洋剧院的建筑艺术之华美绝伦、内部装饰之金碧辉煌后，不由得发出由衷的赞美，感叹西洋剧院其“规模壮阔逾于王宫”，特别是舞台上的机关布景之生动逼真，变幻无穷，“令观者若身历其境，疑非人间”；至于西方的戏剧艺术家地位之高贵，更是令国人叹为观止：所谓“英俗演剧者为艺士，非如中国优伶之贱”，“优伶声价之重，直与王公争衡”！

人类的艺术天地原本皆是可以共同分享的，何以东西方对于戏剧艺术家的认同度与景仰度，相差之大犹若天壤之别呢？泱泱中华，文明古国，难道就没有有识之士站出来振臂一呼，为戏剧艺术家们说几句公道话吗？

二

江山代有才人出，是非终有识者论。

我国历史上，首度给予戏曲艺术家们全方位高度评价的文人，是元代的钟嗣成（约 1279 年—约 1360 年）。这位祖籍大梁（今河南开封）人士，长期生活在素有天堂之称的杭州城。他先在杭州官学读书，师从于邓文原、曹鉴、刘濩等名家宿儒，又与对戏曲有着共同爱好的赵良弼、屈恭之、刘宣子、李齐贤等人同窗攻书，其乐融融。有记载说，钟嗣成曾一度在江浙行省任掾史。他自己写过《寄情韩翊章台柳》《讥货赂鲁褒钱神论》《宴瑶池王母蟠桃会》《孝谏郑庄公》《韩信泜水斩陈余》《汉高祖诈游云梦》《冯驩烧券》七种杂剧，但不知为何皆已散佚。

真正使得钟嗣成开宗立派、名传青史的著作，还是其为中华民族有史以来第一代剧作家描容写心、传神存照、树碑立传的《录鬼簿》。

《录鬼簿》上卷分“前辈已死名公有乐府行于世者”“方今名公”“前辈已死名公才人有所编传奇行于世者”三类，这三类名公才人之情形，乃其友陆仲良从“克斋吴公”处辗转所得，故“未尽其详”。下卷分为“方今已亡名公才人余相知者为之作传，以【凌波曲】吊之”“已死才人不相知者”“方今才人相知者，纪其姓名行实并所编”“方今才人闻名而不相知者”四类。这上下两卷书大体依据时代之先后加以排列，一共记述了152位元杂剧及散曲作家的基本情况，同时也记录了四百余种剧目。

我很欣赏钟嗣成的“不死之鬼”说。在他看来，天地开辟，亘古及今，自有不死之鬼在。何则？圣贤之君臣，忠孝之士子，小善大功，著在方册者，日月炳焕，山川流峙，及乎千万劫无穷已，是则虽鬼而不鬼者也。

不死之鬼，是为不朽之神或曰永恒之圣。在钟氏的神圣谱系中，那些门第卑微、职位不振的剧作家，那些高才博识、俱有可录的梨园才人，都值得传其本末，叙其姓名，述其所作，吊以乐章，使之名传青史，彪炳千秋，泽及后世。

因此，写作《录鬼簿》更为重要而直接的意义，还在于对于后学的直接指导和充分激励。“冀乎初学之士，刻意词章，使冰寒于水，青胜于蓝，则亦幸矣。名之曰录鬼簿。”唯其如此，则杂剧戏文创作之道，才可能被一代代年轻的才人们所自觉自愿地衣钵相传，推陈出新，生生不已，得到更加健康的发展。

元杂剧作为中国戏剧史上第一个黄金时代，需要有人进行认真的归纳和总结。从此意义上言，钟嗣成在中国的地位，因为其成书于至顺元年（1330年）的《录鬼簿》之横空出世，甚至可以与西方的大学问家亚里士多德的《诗学》等书相提并论。

有明一代，在贾仲明所增补的天一阁蓝格钞本《录鬼簿》之后，又附有约成书于洪熙、宣德（1425 年—1435 年）年间的《录鬼簿续编》一卷。该书直接受到《录鬼簿》的影响，以相同的体例记述了元、明之间一些戏曲家、散曲家的大致事迹，接续前贤，踵事增华，令人欣慰。

自兹之后，从总体上对于当代戏曲作家进行专门记载和研究的著作，从明清两代至中华民国，皆未得见。中华人民共和国成立以来，安葵的《当代戏曲作家论》和本人的《中国当代戏曲文学史》等相应的专著，都属于《录鬼簿》的悠远传统在新时代的传承、示范和发展。

三

与《录鬼簿》蔚为双璧的元代重要戏曲典籍，是生于元延祐年间、卒于明初的华亭（今上海松江）人夏庭芝所撰的《青楼集》。前书论作家，后者集演员，正好勾勒出元代戏曲艺术家中两个最为重要部类的旖旎景观和绰约风采。

《青楼集》成书于元至正乙未十五年（1355 年），该书记述了从元大都到山东，从湖广武昌到金陵、维扬以及江浙其他地方的歌妓、艺人共一百一十余人的简约事迹。这些女演员们各自身怀绝技，有的在杂剧、院本、诸宫调方面负有盛名，有的在嘌唱、乐器和舞蹈等项目上造诣颇深。有的演员如珠帘秀的弟子赛帘秀在双目失明之后，依然能在舞台上正常表演，“出门入户，步线行针，不差毫发”；脚步地位，规范犹在，这是多么高深的艺术造诣！

也正是因为她们的色艺双绝，声名鹊起，所以才引起了社会各界的热切关注和诸多应酬往还。书中除了记载与她们有过合作关系的二十多位男伶之外，还记录了她们与诸多戏曲散曲作家等文人士子的交情，其中有五十多位达官贵人、名公士大夫，都与这些女演员们有着或多或少、或深或浅的广泛交往。一部《青楼集》，作为第一部比较简练而系统的表演艺术家史传，对研究元代演剧、表演艺术、演员行迹与时代风尚等多方面的话题，都具备非常重要的史料价值和文化意义。

明清以来，与关于戏曲剧作家的记录相对寂寥的研究局面不一样，类似明代潘之恒《鸾啸小品》之类关于演员与表演艺术的文献相对较多。表演艺术家们的优美声容及其较大的社会影响力，使他们得到了较多的关注和充盈的记载。

清代，戏曲艺术进入另一个鼎盛时期，演员记录极为丰富。《清代梨园燕都史料》中所收录的《燕兰小谱》《日下看花记》等几十种书，都对演员予以主体性的关注。如小铁笛道人在《日下看花记》自序中论及其作传缘起云：

> 唐有雅乐部。宋时院本始标花旦之名，南北部恒参用之。每部多不过四、三人而已。有明肇始昆腔，洋洋盈耳。而弋阳、梆子、琴、柳各腔，南北繁会，笙磬同音，歌咏升平，伶工荟萃，莫盛于京华。往者，六大班旗鼓相当，名优云集，一时称盛。嗣自川派擅场，蹈蹻竞胜，坠髻争妍，如火如荼，目不暇给，风气一新。迩来徽部迭兴，踵事增华，人浮于剧，联络五方之音，合为一致，舞衣歌扇，风调又非卅年前矣。……录成一稿，名之曰《日下看花记》。梨园月旦，花国董狐，盖其慎哉。余别有《杨柳春词》一册，备载芳名，以志网罗，无俾遗珠之叹。凡不登斯录者，毋怼予为寡情也。

这段序言，既有史识在，又有人情浓，令人为之莞尔首肯。

民国以来，由于出版业的发达与报刊传媒业的勃兴，又使得关于演员的记载、评选和评论蔚为大观。民国二十七年（1938 年）由徐慕云编著的《中国戏剧史》（上海世界书局出版）卷一专列《古今优伶戏曲史》，以编年体形式，研究家的眼光，纵述自先秦以来直到民国戏曲演员的大的历史线索与知名演员，颇具史家眼光。

近些年来，北京学者孙崇涛、徐宏图等人合著的《戏曲优伶史》（文化艺术出版社 1990 年）和上海学者谭帆的《优伶史》（上海文艺出版社 1995 年）先后问世，这都是关于中国历代演员事迹的研究著作。

四

中华人民共和国成立以来，戏剧艺术家的位置得到了前所未有的大提高。在全国政协委员和全国人大代表的席位中，戏剧家特别是戏曲表演艺术家都占有一定的比例。

与此同时，关于戏曲表演艺术家的各种传记资料愈来愈繁盛起来。最负盛名的自传性著作，是梅兰芳的《舞台生活四十年》。关于盖叫天的《粉墨春秋》，也激励过业内外的诸多读者。

20 世纪末到 21 世纪初以来，戏曲艺术家的传记纷纷面世。诸如河北教育出版社、中国戏剧出版社、中国青年出版社、文化艺术出版社等多家单位出版过不少戏曲家传记。

有鉴于目前出版的一些戏曲家传记，还存在着收录偏少、体例不全的遗憾，随着新资料的发现、新人物的涌现，社会各界迫切需要一套相对系统、完整些的戏曲人物传记资料。这既是对于钟嗣成、夏庭芝等人开拓的曲家与伶人传记之风的现代传承，也是在国学与民族艺术学越来越受到全民重视的前提之下，从戏曲艺术家传记方面所做出的积极呼应。

在中国已经崛起为世界上第二大经济体的今天，在中国商品出口多、文化输出少的不对称情形下，在国际社会与世界戏剧界关于中国民族戏剧的热切关注下，一部系统的中国戏曲家传记丛书呼之欲出。

作为中国戏曲人才培养与学术研究的专业化最高学府，中国戏曲学院理所当然地应该担当起编纂中国戏曲艺术家传记丛书的重任。而且今天的戏曲艺术家丛书，既包括了演员与编剧在内，也同样不会遗漏著名的戏曲音乐家和舞美设计家等不同专业的代表人物。

中国戏曲学院的表、导、音、舞、美等不同系科，都对本专业的佼佼者了如指掌。在教师、研究生和本科生三结合的编纂模式下，在文献资料收集、当事人采访调查、专辑文本写作修改等较为漫长的过程中，学院都有着较为雄厚的人才基础。有道是铁打的校园水流的学生，也只有中国戏曲学院才能一直具备较为丰富而新鲜的专业化人力资源。

在文化部、中国文联、北京市教育委员会的慧眼关照下，在上海文化基金会的一度支持下，在中国戏曲学院领导与师生的有效指导与大力参与下，在社会各界贤达众人相帮、共襄盛举的积极姿态下，中国戏曲艺术家传记丛书终于正式立项。从2010年到2016年5年间，上海古籍出版社、商务印书馆、中国政协出版社、中国戏剧出版社和后来居上的中国文联出版社，已经出版了近七十种京昆人物传记。

仲呈祥、赵景发、王春祥、舒晓、薛若琳、龚和德、王安奎、郭启宏、田本相、李世英等名家耆宿，都就这套严肃认真的戏曲人物传记，以蔚为大观序列鱼贯推出，给予了高度肯定，并寄予了无限期望。孙家正先生在该套丛书中的全国政协委员序列谭元寿、梅葆玖、李世济、叶少兰和蔡正仁五位京昆大师的传记写作研讨会上说，这是传承京昆遗产、戏曲艺术和中华文化的重要举措。这套书的出版，与京剧的音配像工程一样，都会在戏曲文化的传承方面，做出重大的贡献。

美国加州大学洛杉矶分校吴琦幸教授，北美中国戏曲曲艺学会会长、美国佛萨大学都文伟教授，美国芝加哥大学陆大伟教授，台湾著名戏曲学者曾永义教授、洪惟助教授和王安祈教授，曾多次盛赞这套丛书在中国戏曲发展史上个体阐扬、微观记录和叠加在一起的宏大叙事的贡献和意义。大家认为，已经出版的近百种传记，行将逐年出版的三百多种传记，厥功甚伟，既有“青楼集”，也有“录鬼簿”，这将构成迄今为止第一套最为丰富的关于中国戏曲艺术家的传记丛书。

《中国戏剧》《中国演员》《中国京剧》《戏曲研究》《光明日报》《新民晚报》等多家报刊的相关主编与编辑，都对丛书的不断发展予以关注和阐扬。田松青、张永和、翁思再、和宝堂、陈珂、陈培仲、田志平等院内外评传作者，不仅在已经召开的3次传记研讨会上分别就自己的撰写情况作了交流，有的传记作者还在为丛书撰写新的人物传记。

人有善念，天必从焉，众必扶焉。大家共同期待这套日新月异、逐年发展壮大的丛书能够成为中国戏曲学院和中国戏曲界的诸多学术与专业品牌之一，为弘扬京昆传统、继承国粹艺术、振兴地方戏曲、留住民族记忆，深化联合国教科文组织人类口头与非物质文化遗产代表作的研究与推广，发挥其应有的作用。

五

2015年国务院办公厅出台了“关于支持戏曲传承发展的若干政策”，在国家意志层面强调了戏曲传承与发展的紧要性与迫切性。传统戏剧在“非遗”项目格局中，所占比例十分巨大，生存状况十分窘迫。在其传承与发展的过程中，传承人处于核心地位。表演流派的独有技艺往往局限于一位或几位艺术家。因此，对戏曲传承人的剖析能够全面、直接、系统地研究剧种，传记研究就是其中最为重要的研究方法。“中国非物质文化遗产传统戏剧传承人传记丛书”以国家级非物质文化遗产传统戏剧方向传承人为传主，以人生历程、艺术造诣、技艺传承作为重点撰写角度，以归纳传统戏剧艺术规律、研究中国戏曲发展路径、总结“非遗”保护与传承途径为根本撰写宗旨，以较为客观的评价体系总结传承人的艺术价值，严密梳理艺术家的传承谱系，清晰传承关系，增强传承意识。传记是叙述故事也是归纳研究，对戏曲与“非遗”皆有重要艺术史学价值。

“中国非物质文化遗产传统戏剧传承人传记丛书”将推出中国戏曲艺术家中对剧种做出过重大贡献的那些不可遗忘的人物。我们打算用10年时间，持续推出京昆艺术家当中的重要人物传记，推出越剧、黄梅戏和豫剧、粤剧和全国各大地方剧种之领军人物的传记，持续推进。积之以时日，继之以心力，伴随着梨园界各方贤达和社会各界有识之士的支持，中国戏曲艺术家的三百余种系列评传，就一定能够在太平盛世当中积少成多，聚沙成塔，共同托举出中华文化中戏曲艺术家的辉煌群像。

昆曲，既是京剧之前最具备代表意义的“前国剧”，又是戏曲剧本文学性较强、表演艺术趋于典范精美的大剧种，还是2002年起首批被联合国教科文组织列入“人类口头与非物质文化遗产”名录、具备较大国际影响的古典剧种。

从1917年开始，吴梅先生在北大开辟了戏曲教学的先例。在他的指导、启发和参与下，由上海的实业家穆藕初赞助，昆剧传习所在苏州正式开班，培养了承前启后的“传”字辈演员。设非如此，兰苑遗音，古典仙音，险些儿做广陵散，斯人去矣，芳踪难寻。至于北昆的韩世昌、白云生等人，也都是正式拜过吴梅先生的嫡传徒弟。这些人，这些事，不可不写，不可不传。

京剧，至今被公认为中国戏曲最具备代表性的剧种，海内外的不少人索性将其称之为“国剧”，也被列入人类非物质文化遗产代表作，得到社会大众的认同。京剧表演艺术家，流派纷呈，各称其盛，具备非常广泛的群众基础，也在世界各国都具备较高的知名度。这些角儿，这些流派，不可不述，不可不歌。

因此，昆曲类传记中，首先推出的是近代戏曲学术大师吴梅、昆剧表演艺术大师俞振飞和素负盛名的昆剧“传”字辈老艺人；京剧类传记中，余叔岩、言菊朋与“四大名旦”等名宿传记也规划较早。

昆曲是昔日的雅部，京剧是今日的雅部。豫剧等星罗棋布的地方戏剧种，可以看成是今日的“花部”。地方戏剧种最接地气，最能够构成中国老百姓看戏的基本生态活动，他们之中的代表人物不可不写，不能不写。

细心的读者很快将会发现，在本套丛书中，大多数是众所公认的戏曲界大师，但也还有部分正处在发展过程的中年名家。或许有人要问：既然曰传，树碑立传，盖棺才能论定，中年才俊尚还处于发展过程之中，缘何仓促为之写传？

此问有理，但又不全正确。须知任何一时代较有影响的人物，首先是被同时代的人们所热爱。举例说来，于魁智、李胜素和张火丁等人，豫剧的李树建等人，越剧的钱惠丽等人，都还处在发展前进的艺术路上，可是他们也确实拥有大量的观众群。那些忠实的粉丝们，迫切需要知道他们心中偶像的更多情形。那么，为同时代的人们的戏曲界偶像树碑立传，实属必要。再比方今天我们的诸多梅兰芳传记，实际上更多的是具备历史文献的意义，因为现存的大部分观众再也无缘得睹梅大师演出的现场风采了。

更有甚者，我们与《中国京剧》的朋友们总是在计划某月某日去采访某一位德高望重的艺术家。可是每当我们如期去实地采访时，常常会发现老人家年事已高，对于昔日的风采与精彩的艺术，已经很难清楚地加以表述了。英雄暮年，情何以堪？

至于有时候看到讣告上的名家，原本已经列入我们要拜访的日程表上，但是拜访者尚未成行，受访者却已经远行，远行到另外一个遥远不可及的世界中去也！天壤永隔，沟通万难，那就更属于永远的遗憾了。

有鉴于此，我们提倡两次写传法或曰多次写传法。此次先写名家的壮年时期，未来再补足传主的晚年事迹，这样的传记，也许更加齐备可靠一些。若必要年老而可写，若必等盖棺而论定，却使后人对前辈艺术家知之甚少，叙之渺渺，称之信史，恐也非理想之传记。

传记的生命力在于讲述一个个真实的故事，演出一幕幕人生的大戏。但是如何讲好故事，怎样使得故事讲得精彩动人，令人读后余香满口，味道袭人，实属不易。《史通》说："夫史之称美者，以叙事为先，至若书功过，记善恶，文而不丽，质而非野，使人味其滋旨，怀其德音，三复忘疲，百遍无斁。"

戏曲艺术家们在舞台上创造了富于美感的各色人物形象，但在生活中却还是一位凡人，或者说往往是一位烦恼更多的凡人。如何使得生活中的凡人和舞台上各色才子佳人、贤士高官和其他或正或邪的人物形象有机地对接起来，更是亟需在传记写作过程中不断探索的难关。

传记包括家族身世、教育承传、艺术人生和舞台创造等部分，也酌选精彩而有历史价值的照片，以期图文并茂，赏心悦目。评传强调文献记载、口述历史与适度评述相结合。附录包括大事年表、源流谱系、研究资料索引等。每位传主的评传大约十五万字，俱以单行本方式印行出版。

二百年来，风云变幻，梨园天地，名家辈出。区区一套丛书，尽管编者力图使之相对完整系统一些，但挂一漏万、沧海遗珠的现象，还是不能避免。即便收入本丛书中的名家大师，由于多侧面历史的诸多误会以及材料的相对匮乏，编撰者的经验不足，错讹之处，在所难免。尚求方家不吝指正，遂使学问一道，有所长进；梨园群星，光芒璀璨。这也正好呼应了马克思的人物传记理想，那就是写人物应当从感情气势上具备"强烈色彩""栩栩如生"，力求达到恩格斯关于人物形象应当"光芒夺目"的审美理想。

尽管为梨园界的艺术家们作传，从理论上看厥功甚伟，但是实际工作却常常会举步维艰，甚至梨园界的一些同仁乃至某些传主的家属学生，也都会存在着一些不一致的想法。尽管前路漫漫，云雾遮蔽，甚至常常山重水复，坎坷难行，但是坚定的追求者和行路人还是会历经千辛万苦，抹去一路风尘，汇聚锦绣文章，迎来晨曦微明。

彼时彼刻，仰望戏曲艺术的长空，那一颗颗晶莹的晨星正在深情地闪烁着动人的光华。晨钟响起，无限芳馨远播，那正是全体传记写作人和得以分享传记的读书人，以及关心本套丛书的戏迷和社会各界朋友们的无量福音。

2017年12月8日

谢柏梁，文学博士，中国戏曲学院学术委员会副主任、戏文系主任，北京市特聘教授、市教学名师，国务院政府特殊津贴专家，国家社会科学基金艺术学重大项目《戏曲艺术当代发展路径研究》首席专家，中国戏剧文学学会副会长、国际剧评协会中国分会副理事长。

目　录

contents

目 录 contents

contents

目　录

CONTENTS

第一章　与文艺结缘

一、自幼酷爱艺术

1935 年，郎咸芬出生在山东省潍坊市。她的祖父是当地小有名气的老中医，父亲和母亲从事的工作也与艺术毫不沾边。

祖父郎益民，是郎家门里几辈子少有的人才。他幼年拜师学中医，十几岁就能把“汤头歌”背得滚瓜烂熟。老人直到晚年，还时常坐在窗下，手捧一杯茶，闭目摇头，念念有词地背诵药材药方。郎咸芬说：“也许我的基因里继承了爷爷这份敬业爱业的执着。”爷爷见郎咸芬长得机灵，原打算让她学医，可她生性好动，沉不住气，坐不下来，横看竖看不是学医的料，只好放弃了。后来郎咸芬的三妹从事了爷爷这一行，医科学校毕业后在潍坊的市中医院工作，直到退休。爷爷在中华人民共和国成立前自立门户挂牌行医，中华人民共和国成立后当选潍坊市政协委员，这也算社会对他一生业绩的肯定吧。

早时，郎咸芬的父亲经姥爷的介绍到济南某家银号当学徒。在中华人民共和国成立后在潍坊进入了北海银行工作，以后又到昌潍建筑公司先当出纳，后任会计。他手里掌管着全公司的财政大权，每天成百上千的现金从他手里过，从无差错。

郎咸芬的母亲主要在家里操持家务，母亲的身体不大好，晚上经常睡不好觉，即使这样，家里的一切也都安排得井井有条。

郎咸芬从小常住姥姥家，上小学二年级了，她才从姥姥家回到自己家里住。说实话，她打心眼儿里不愿意回家。姥姥家生活比她家生活好多了，姥爷、姥姥生了6个孩子，就母亲一个闺女，他二老把对闺女的爱转移到小郎咸芬身上，怎么看都顺眼，好吃的、好玩的都先紧着她，以至于最小的舅舅都嫉妒了。姥姥信基督教，礼拜天时，把她打扮得漂漂亮亮的，领她去教堂。教友们见了都夸她长得俊，说她一双大眼扑闪扑闪的，一看就是个机灵乖巧的孩子。可姥姥家再好也终归不是自己的家。在姥姥家长到七八岁，也许母亲觉得她能为家里出把力了，就把她从姥姥家叫了回来，帮助母亲打打下手干点零碎活。回到家里，她背着妹妹，领着弟弟，成了母亲一个很得力的助手。

郎咸芬幼年时就对文艺活动表现出了“酷爱”。她常住姥姥家，在文庙街上小学时，路过丁家花园，经常看到一些爱唱爱跳、热情活泼的青年人在练节目，墙不高，歌声、笑声、琴弦声飘出园外，传向四方，这是潍坊特别市文工团在排练。琴声伴着歌声响，小郎咸芬每每听到这动静，立刻就像被勾去了魂儿，吃饭时撂下饭碗，写字时扔下纸笔，穿街过巷来到丁家花园，她三两下爬上墙，骑跨在墙头上，忘情地看着院内那些幸福快乐的叔叔阿姨、大哥大姐们排练节目。日子长了，她听会了其中的段落，旁若无人地扯开嗓子和园内排练的文工团员们同歌同唱。姥爷、姥姥发现她不在身边时，到丁家花园的墙头上总能把她找回来。

二、校园崭露头角

潍坊三中，原名新华中学，是所私立学校，1952年改为公办中学。如今的潍坊三中升学率高，校区整洁，环境幽静，师资力量强，是远近闻名的重点中学。郎咸芬的中学时代从这里开始，她的文艺活动从这里起步。

当年的郎咸芬学业并不十分出色，可她的音乐天分颇引人注意。一曲《解放区的天是明朗的天》，她唱得热情奔放、高亢嘹亮。连她自己也说不明白的是，明知语文、数学成绩很差，她不主动向老师请教，却三番两次请教音乐的张俊老师指导她识简谱、唱音符。入学不到半年，她就顺理成章地成了学校的文艺活动骨干。每周一次的升旗仪式，便由她站在全校师生前面起调领唱国歌。双手上下舞动、左右分合，打着节拍指挥全校师生唱国歌。

音乐教师张俊热情能干有才华。中华人民共和国成立初期，国家颁布了第一部大法——《婚姻法》，不久，全国上下又掀起动员各阶层人民踊跃购买公债，支援抗美援朝、支援国家建设的热潮。学校领导政治思想敏感，张俊老师政治热情高涨，于是，很快推出了配合宣传以上两项活动的《张秀兰购买公债》和《买卖婚姻》两个活报剧。张俊老师作曲、导演，两剧主演均由郎咸芬担任。

《张秀兰购买公债》说的是中学生张秀兰在学校听老师宣讲购买国债的重大意义后，回家动员母亲购买国债。母亲开始不同意，女儿唱了一番“国富民才强，民强社会安”“大河有水小河满”的道理，母亲想通了，二人欢欢喜喜去购买公债。小戏只有两个角色，不到二十分钟。《买卖婚姻》共 3 个角色，郎咸芬演的是媒婆，她巧舌如簧，左哄右骗两头瞒，从中捞取好处，最终被人揭穿，狼狈而去。郎咸芬扮演的这两个人物，年龄、身份、性格均有很大差异，以她当时的表演水平，很难完全驾驭得了，可她大胆泼辣，敢唱敢演，演媒婆一步三摇扭着走，身段放得开，表情很夸张。新华中学宣传队走街串巷，围起个场子就敲锣打鼓招呼人，人到得差不多了就开始表演。

潍坊城区原本不大，几天下来，新华中学宣传队的名声就传开了，都知道有个女学生长得俊，嗓子亮，演得好。这消息不胫而走，终于惊动了一个人，引起了他的好奇心，这人就是时任潍坊特别市文工团团长的尚之四。他带着演员队长和一个乐队的同志在街上找到了这个正在演出的宣传队，站在观众堆里看了他们的演出，只见那女学生用红纸擦红了脸蛋，涂红了嘴唇，用锅底灰画出了两条黑黑长长的眉毛，十四五岁的年龄，一米六七的个头，显得朝气勃勃，青春洋溢。

青年郎咸芬

第二章　文工团岁月

一、走进文工团

尚之四

中华人民共和国成立后的首任潍坊特别市市长姚仲明先生是位文武双全的才子。他创作的大型话剧《同志，你走错了路》曾由北京人民艺术剧院演出，反响很大。他对文化工作很重视，在看了尚之四组建的坊子师范学校业余“大众剧团”演出的话剧《气壮山河》后给予了很高的评价，认为他们演出的整体水平比烟台市业余话剧团的水平高，他因此而提出成立一个专业文工团的设想。已经调到坊子师范学校任政治辅导员兼任音乐、美术教师的尚之四，根据姚仲明市长的指示，开始着手组建文工团。

这天，尚之四团长请来几位部门负责人，将办公室作为临时考场。其他同志听说来了新人报考，也都拥过来看热闹，窗外、门前挤满了人。

先问了郎咸芬家庭情况、文化程度，又让她跟着示范的同志学着做了几个动作。难得郎咸芬面对众人不打怵，有问即答，让舞便舞。最后，让她演唱一首《妇女自由歌》，她便很专注、很投入地唱了起来："旧社会好比是黑咕隆咚的枯井万丈深。井底下压着咱们老百姓，妇女在最底层……"唱到此处，郎咸芬已经泪流满面了。

做演员，除了必须具备身材好、形象好、嗓子好这些基本条件，有激情、注意力集中、全身心投入这几点是很被看重的素质。尚之四团长看到了郎咸芬潜在的艺术创造力，他当即拍板决定："行！回去跟你爹娘说说，明天来文工团报到！"

郎咸芬人生旅途就此迈出了关键的一步。那是1952年刚过完春节的第八天。

文工团遵循"文艺为无产阶级政治服务"的宗旨，体制上实行供给制，衣食住行所需费用均由国家发放。据当时的文工团团员杨瑞卿（后与郎咸芬结为夫妻）回忆："我们是半军事化管理，吃饭先站队唱歌，以班为单位，分菜分饭。睡觉、起床听号令统一行动。睡的是高粱秸用绳子勒在木头床上、铺上芦苇席或干草的大通铺，洗脸共用一个铜脸盆。文工团的生活紧张、快乐，大家互相帮助，彼此不隔心，相处得比亲姊妹还好。那时候的青年单纯，心里清得像一汪透明的水，没那么多的弯弯绕。来了工作争着上，演主角、演群众，搬道具、点汽灯，让干什么都服从，认真做好。从不为争名争利争角色闹情绪，大家都觉得那是很丢人、很丑陋的。那个年代，同志之间的感情很纯洁，逢年过节，家住潍坊的老同志都给外地的同志捎些潍坊特产，像芝麻饼子、肉火烧、潍县萝卜等，东西虽然不值钱，那份情谊却令人至今不忘。"

郎咸芬进入这样一个团体，立即融合到这个大家庭中了。她对一切感到新鲜好奇，对一切都倾注了全部的热情和活力。对指导员讲的一些革命道理，像什么"社会主义分配原则是各尽所能、按劳分配，到了共产主义是各尽所能、各取所需"等，她当时弄不清楚，也理解不了，但她切切实实地感受到了自己心里那份敞亮，没有半点阴影，活得快乐，活得带劲，活得有奔头。那种感觉就像一只五彩斑斓的蝴蝶飞翔在万花丛中，她想亲吻每一朵鲜花、拥抱每一片绿叶。

离开了家庭，来到衣食无忧的文工团，郎咸芬满足了，她没有不切实际的幻想和奢望，能在这样一个亲如家人的文艺团体中干一辈子就很好。像其他同志一样，领导分配给她的工作，她从不打折扣。文工团初建，缺这少那，演戏需要借桌椅、借衣物是经常的事。郎咸芬家在当地，亲戚朋友多，每到一地演出都是争先去群众家借东西。她也有办法，再稀罕的道具，再特别的衣物，她总能千方百计地淘换来。有一次演出，队长谭鲁平叫她到坊子某单位借用人家的铜锣，两地相隔较远，要往返几十里路。郎咸芬接受指派，骑着自行车上路了。在领导眼里，这姑娘像个假小子一样“泼辣”，什么事情交给她，准能办得干净利索、漂漂亮亮。可这一次，领导对她的能力估计过高了。铜锣是借到了，回来的路上，因为贪赶路程，加之乡间公路高低不平，她稀里糊涂骑到了沟里。铜锣倒是没有摔坏，她却磕得腿青胳膊肿。等她推着车子提着铜锣回到单位，已是月上柳梢，万家灯火了。此后，领导再也没有派过她这类差事。

二、正式登舞台

有尚之四这样艺术上肯于钻研、严格要求的领导，郎咸芬开始了较为系统的学练。文工团没有专职音乐教员，每天早起，跟着有音乐知识的老同志到东马道城墙上学发声，如何运用丹田气，什么是鼻腔共鸣、胸腔共鸣，位置在什么地方等。俗谚：“师傅领进门，修行在个人。”同样一个老师教，学生们的成绩往往是参差不齐的。除了勤学苦练的程度不同外，“悟性”二字起着重要作用。常有这样的例子：某人夏练三伏，冬练三九，不能说不勤奋，但其艺术水平总是不见长进，和同辈优秀者相比较，其演唱或表演总是欠缺那么一点，这一点是什么呢？也许是欠缺一点“韵味”，也许是欠缺一点“灵气”。总之，他或她的表演中欠缺吸引观众、引起他们共鸣的东西。搞文艺工作很怪，捅破那层“窗户纸”，你就能“豁然贯通”，捅不破这层“窗户纸”，你就可能懵懂一生。那时的郎咸芬虽然不谙此理，但她坚信“苍天不负有心人”“勤学苦练长能耐”。从东马道那座小院出来，就来到了残破的老城墙。凌晨，闪闪烁烁的星光为她照亮寂静的街路，白浪河上漂浮着淡淡的晨岚，她开始按照老师指导的方法练发音、练呼吸、练嘴皮子，找字音的共鸣位置。在文工团一年多的日子里，经冬历夏，乐此不疲，坚持不辍。正所谓一分辛勤一分收获，她的音域宽了，高音有了，回旋余地大了，演唱的表现能力自然也提高了，领导上开始指派她担任相对重要的角色了。

《黄烟》一剧，写的是地里生长着的黄烟蔓延了一种叫作“地头黑病”的病毒，烟农们束手无策。郎咸芬扮演的女主人公用学到的知识结合老农的经验，想出一种方法，消除了病毒获得了丰收。戏是用歌舞形式排的，有大段唱腔，这为她锤炼演唱技巧、提高表演能力提供了机会。这个戏最终因种种原因未能公演，但郎咸芬从排演中获取了经验。

1951 年，文工团排演歌剧《刘胡兰》，郎咸芬扮演了一个只有一句台词的老太太：“胡兰子，把这筐鸡蛋给前方的同志捎去吧。”莫轻看这一句台词，它给郎咸芬带来的压力不亚于一大段唱腔。祖居潍坊，自幼生于斯长于斯，她那口浓重的地方口音成了演话剧难以逾越的障碍。方言土语好改，但让自己在舞台上的道白贴近普通话，就得先过四声异同这一关。稍不注意，转音走调的怪腔怪声就引得正在演出悲剧的同台演员笑了场。尽管这样，《刘胡兰》的演出依然取得了可喜的效果，收到了良好的反响。

据文工团的老同志回忆：“当时潍县在望留召开青年积极分子会议，文工团为他们演出歌剧《刘胡兰》，当演到英勇不屈的村干部已经陆续在铡刀下英勇就义，刘胡兰临危不惧，大义凛然，怒斥敌人，匪军大胡子连长气急败坏地下令匪兵行刑，刘胡兰走近铡刀的一刹那，台下一名青年观众‘呼’地跳到台上，冲着演大胡子连长的演员就是一阵拳脚。打了‘连长’不解恨，他又冲着扮演‘敌匪兵’‘狗腿子’的群众演员抡开了拳头，从前台打到后台，双目喷火，边打边骂。演出只能中断了，被重拳击打的‘大胡子’扮演者委屈得直想哭。那青年冷静下来之后，连连道歉。他解释说，几年前敌我双方在他居住的村子展开拉锯战，乡亲们被敌人害惨了，他爹就是被敌人毒打后活埋的。《刘胡兰》的演出又把他的情绪拉回到那个时候，一时间把演戏当成真事啦！”（参见《潍坊日报》2004 年 5 月 27 日，《潍坊特别市文工团团员 60 年后再聚首》）

“野野巴巴的假小子”有时也被领导当成“奇兵”使用。跳“修河舞”缺男演员，“让郎咸芬顶一个！”白毛巾扎起头，挽起裤腿赤着脚，棕油彩涂满胳膊腿，舞得热情奔放，节奏鲜明，比起男演员毫不逊色。这个节目还参加了全省文工团队会演，并得了奖。

1951 年 4 月，中华人民共和国成立后首届山东省“文代会”在济南召开，尚之四作为潍坊市代表出席了这次会议。会议临近尾声，当时的山东省文联地方戏曲研究室演出了《李二嫂改嫁》，那时的演出还没有剧种冠名，剧种人物的演唱也是“南腔北调”，表演也比较粗糙，但这场演出，却让尚之四为之心动。作为文工团团长的他，严格规定每个演员必须学唱京剧、评剧、河北梆子、西河大鼓、京韵大鼓等戏曲、曲艺选段，并把它作为业务考核的主要内容之一。当时的著名京剧老生演员王铭仲、武生演员张明玉，因为各地交通受到破坏，暂时住在潍坊，文工团请他们来教唱京戏和身段。尚团长还特别邀请距潍坊不远的昌乐县农民班社“地瓜班”的艺人来文工团教唱“琴戏”（一种山东琴书演变而成的曲调，与后来的“吕剧”旋律极为近似）。“文代会”结束后，尚之四回到潍坊，他立即指派郎咸芬和另一位同志进省城济南学习《李二嫂改嫁》。这是郎咸芬第一次接触这个戏，第一次走近李二嫂这个人物。这一年，她16岁。回忆在济南学习的这段时间，郎咸芬这样说："来学这个戏，当时在我心里也没什么特别的想法，觉得就像以前学段舞蹈、学段戏曲、排个小歌剧一样，无非给文工团增加个演出节目而已。倒是教我'李二嫂'的林建华大姐给我留下很深刻的印象。林大姐来自老解放区的文工团，是个能拉会唱的多面手，她的声音脆亮清爽，高音不尖，低音不浊，唱歌唱戏都让人有种声声入耳、百听不厌的感觉。"

"林大姐一板一眼地教我唱腔，一场一场地教我演戏。对《李二嫂改嫁》戏曲韵味的音乐旋律，我虽不熟悉，但因为在文工团学会了识简谱，也学唱过其他的戏曲唱段，所以整个学习过程没有感觉到太大的困难。我们结束学习回到潍坊，尚之四团长立即着手排演该剧，彩排汇报演出了几场，领导鼓励，观众欢迎。"

三、转岗的坚持

正当郎咸芬厉兵秣马，挽起袖子准备大干的时候，却接到了一个改变他们命运的通知，全国各省市文工团队一律撤销，文工团人员下放基层开展群众文化活动。

接到撤销的命令，大家都难舍那种诚恳、胜似姐妹兄弟的亲情，相拥而泣。他们说，同志们之间那种真挚，以后的几十年中再也难以体验到了。郎咸芬在文工团一年左右，但这一年多也恰恰是她开始懂事的时候，是她的人生观、世界观初步形成的时候。在文工团的1年，使其受益终生。

昌潍文工团撤销了，人员分赴不同岗位。但是，从城墙根儿这座小院走出去的少有平庸之辈，他们之中有的成了名导演、名演员、歌唱家、作曲家，有的成了作家、教授、研究员，有的成了文化部门的领导和其他部门优秀的业务骨干。

被重新分配工作的郎咸芬，没有离开文化艺术这个大范围，但和演戏却不沾边了。她和赵岐周、谭鲁平、胡军被分配到当时的益都（现青州市）电影院，具体工作是电影上映前，写大看板挂到影院门外，每场电影开演之前观众入场的时候，她在播音室里广播："各位观众朋友请注意，请保持场内清洁卫生，不要吃带皮的瓜果食品，不要随地吐痰，不要在场内吸烟……下一场电影将放映《XXX》，欢迎踊跃购票……"这份工作有人觉得过于简单、平淡了，可郎咸芬不这么看，她说："这个工作挺适合女孩子，风不打头雨不打脸，天天看电影，月月有稳定的工资收入，还是国家干部编制，挺好的。"

在工作之余，她虚心求教、刻苦练功、勤奋好学，时刻不忘吕剧，时刻以吕剧人严格要求自己。终于，坚定的信念赢得了回报，1952 年，山东省吕剧院的一纸调令让郎咸芬又踏上了她的吕剧艺术之路，这条路一走就是 60 年，从那时起，郎咸芬再也没有离开过吕剧半步，她的生命也与吕剧紧紧地连在了一起。

第三章　走进济南府

一、省吕剧团成立

1944 年年底，渤海军区政治部耀南剧团彭飞创作了吕戏现代戏剧本《双寻夫》，刊登在耀南剧团编印的一份专门给群众提供演唱材料的小报《新地》上，剧团及当地县剧团进行了排演。彭飞编演吕剧现代戏具有示范效应，渤海区许多文艺工作者纷纷效仿。渤海军区第三军分区文工队肖战术等人编演了吕戏《张洪生参军》和《范小丑参军》，他们除在当地为军民演出外，还去洪家楼附近为解放济南的部队慰问演出，清河人民文工队（属渤海清河地委，以现在的博兴县为主要活动区域）改编的吕戏《婚姻要自由》，清河人民文工队李寿山等作的吕戏《卖棉花》在 1950 年 1 月 23 日的《渤海日报》上发表。垦利地委文工队张艾芝等人，编演小吕戏《上冬学》后，又将大型歌剧《王秀鸾》移植成吕戏演出。渤海区党委文工团武韬、林建华和靳惠新、王俊英等人，分别编排主演了吕戏《刘二嘎转变》和《刘二婆转变》。中华人民共和国成立成立后，他们为推动吕剧艺术发展作出了贡献。

受革命文艺工作者竞相编演吕剧现代戏的影响，渤海区许多机关团体和农村业余剧团编演吕剧现代戏已经成为时尚。1951 年回到博兴的张传海等人成立了博兴业余吕剧团，1951 年惠民县吕剧团成立。1950 年年初，在欢度中华人民共和国成立后第一个春节期间，惠民县九十多个农村业余剧团中，有八十多个演出了吕剧剧目，自编自演的现代戏达五十余个，涌现出了《砸纺车》《小过年》《改造懒汉》《大娘明白了》《刘二婶的主张》等优秀剧目，其中《砸纺车》在全县会演中获二等奖后，被《山东文艺》刊登。1951 年 5 月华东人民出版社出版的《渤海民间音乐选集》（渤海人民文工团、军政文工团采集，苗晶编）中也将吕戏作为民间戏曲音乐的一个组成部分，在《渤海民间音乐选集·民间歌曲音乐·传说故事类》中罗列的民间歌曲《梁山伯下山》中却注明的是“打扬琴”。

山东省吕剧团是中华人民共和国成立后，山东省委、省政府为贯彻落实政务院《关于戏曲改革工作的指示》精神，在对旧戏进行改革工作中选择的比较有代表性、有一定基础、一个剧种组成的一个国营剧团。1949 年春天，中共山东分局（1950 年改为山东省委）进驻济南后，根据中国文学艺术工作者代表大会精神，组织专人筹备山东省文联工作，1950 年山东省委提出对全省剧团进行整编的要求。在整编全省剧团的过程中，文联筹委会的领导同志们决定从渤海文工团中抽调熟悉吕剧艺术的专业人员组建地方戏曲研究室，先从吕剧艺术开始，探索对地方戏曲改革的路子，通过对地方戏曲的加工提高，使之能够排演反映现实进步生活的现代戏。经过反复论证和试演《小姑贤》等几个传统小戏的基础上，最终选择的是昌潍地委文工团曾经排演过的《李二嫂改嫁》。1951 年春天，山东省第一次文代会召开，省文联成立，并在会议期间演出了《李二嫂改嫁》，获得成功。之所以在当时山东省二十多个地方剧种中选择吕剧作为重点改革扶持的剧种，首先它有较为丰富的演出剧目，绝大部分都是以反映当下百姓生产、生活中的男女情感、婚姻和家庭伦理内容，表现主题多健康向上。二是音乐比较完整，服饰与表演程式比较简约，充满浓郁生活气息、语言与唱词通俗易懂、贴近生活。三是由于它以表现现代生活为主，更加符合毛泽东主席《在延安文艺座谈会上的讲话》精神和中华人民共和国成立后文艺“为工农兵服务”的文艺方针政策。四是在全省东、中、西多数地方都有吕戏和扬琴的班社、剧团进行演出，在群众中有较大的影响。如山东琴书在清代中期就已经形成了南派（流行于鲁西南地区）、北派（流行于黄河下游地区）和东派（流行于胶东地区），可以推论出它的影响之广；五是对化妆扬琴进行重点改革的过程中，对剧本进行整理，以济南语言为基础，适应吸收融合了昆曲、山东梆子、五音戏、茂腔、秦腔、晋剧、河北梆子等戏曲剧种曲调与唱腔、语言与程式的处理方法，使之成了地方戏曲艺术中比较丰富与完整的剧种之一。

山东省吕剧团前身就是1950年成立的山东省文联地方戏曲研究室。1952年，山东省文化局从全省范围内挑选了部分文艺工作者与山东省文联地方戏曲研究室组成了“山东省歌剧团”，1953年更名为山东省吕剧团。1954年4月山东省人民政府文教厅下发通知，提出“按照中央、华东指示，准备建立一个110人的剧团，团部下设两队一个创作组。两个队，一个是歌剧队（以地方戏曲为主），一个话剧队（包括舞蹈）……歌剧队下设三个组，两戏剧组，一个音乐组。”

二、苦练表演技艺

郎咸芬一进山东吕剧团，就快速投入到吕剧表演的学习和训练中。从琴书到吕剧，不仅仅是剧种称谓的改变，而是编剧、导演、音乐、表演、舞台美术全方位提升，有了质的飞跃。原山东文联地方戏曲研究室的老师们，可以说是为新吕剧奠基掘起第一锨土的人。据郎咸芬回忆，由文工团员到一名合格的戏曲演员，并不是一帆风顺的，起码要经过两关：一是演员本身的思想关、技术关；二是观众关。

先说第一关，年轻的文工团员们有个根深蒂固的认识，参加文工团是参加革命，唱歌跳舞演节目是革命工作，我们是战士，是国家干部。现在忽然改行演旧戏，成了旧社会被人看不起的“戏子”，思想上无论如何都扭不过弯子来。为了扭转这种认识上的偏差，当时的省文化局局长、我国现代文学史上的著名作家王统照先生亲自来剧团做工作。接连不断的谈话，无休无止的动员，大家知道闹情绪也无益，不得不面对现实，安下心来搞戏曲。文工团出身的青年有个好处，一旦思想通了，就踏踏实实适应新的环境，投入新的工作。只是那时他们都是二十岁左右的人了，胳膊腿都硬了、压腿、踢腿、下腰、劈叉、飞脚、旋子、虎跳、翻身……从头学练基本功太辛苦了。老师给搬腿，真有一种上“老虎凳”的感觉，疼得龇牙咧嘴，女同志掉眼泪是常事。他们咬牙坚持，起早贪黑地练。大家都有这种自觉性，不用别人催促。每人心里都清楚，这一辈子就得干这个了，既然干了，就不能干得让人笑话。

女同志练台步、身段、水袖、圆场，还跟着昆曲老艺人学《思凡》。戏曲行里有句话：“男怕《夜奔》，女怕《思凡》。”这两出戏动作繁难，唱腔、动作配合要求协调一致，严丝合缝。对这些初入戏曲之门的人来说，其难度可想而知。学习一个阶段后，逐人汇报，领导让郎咸芬把学习成果演示一遍，众人评议说：“走圆场像骑毛驴，甩拂尘像打蚊子。”把老师气得病了好几天。“知耻后勇，发愤图强”，由此，她练功更勤奋，更刻苦了。除了旦角基本功，郎咸芬比别人还多学了一门功课：因为男演员少，领导指定她在《王定保借当》中反串小生王定保。个头、形象、声音都没问题，台步、身段却不是一朝一夕练出来的。她天天穿上褶子、厚底儿在院子里的砖地上练习台步。当时山东省京剧团和山东省吕剧团同在一个大院，老艺术家们每每见她练功，时常会指导一招半式的。几个月下来，她练得也有模有样，能看得过去了。

第四章 《李二嫂改嫁》名扬全国

一、初扮“李二嫂”

不久后，组织上认为郎咸芬气质好、悟性高，又让她扮演李二嫂，这跟她刚刚熟悉的小生行当调了个儿。郎咸芬二话没说，服从组织安排，迅速投入到《李二嫂改嫁》的排练中。

《李二嫂改嫁》根据王安友同名小说改编，由刘梅村、靳惠新、王昭生、张斌、苗晶编剧，后经刘奇英加工整理。剧本描写的是解放战争期间，鲁中南解放区某农村年轻寡妇李二嫂，在互助劳动中与青年农民张小六彼此间产生了感情。她的婆婆“天不怕”勾结二流子李七，千方百计地阻挠破坏，李二嫂本人也因封建残余思想和旧习惯势力的影响而不敢向张小六吐露真情，从而衍生出许多波折。在村干部和群众帮助下，揭穿了“天不怕”的伎俩，李二嫂终于冲破封建思想的束缚和人为的客观障碍，毅然改嫁，和张小六喜结良缘。

由于郎咸芬缺乏农村生活的经历，第一次彩排没有成功。领导看了之后说郎咸芬演得不像农村妇女，更不像寡妇。郎咸芬陷入了深深的迷惘。

这时，有人提议将郎咸芬换掉，但领导认为，郎咸芬是个 17 岁的城市女孩，素质好，只是缺乏生活经验，立刻派她到基层到农村去体验生活。于是，在领导的支持下，郎咸芬和同事们到了博兴县闫家坊村体验生活，这一去就是 3 个月。村干部特地找到村里的一个寡妇刘大嫂和郎咸芬同住同劳动。起初，刘大嫂被封建思想深深蒂固着，根本不理睬她，拒绝跟她交流。郎咸芬却没有气馁，隆冬腊月，她不顾天寒地冻，每天早起帮刘大嫂扫院子、挑水、搓棒子、喂鸡、拉风箱。精诚所至，刘大嫂渐渐地喜欢上了郎咸芬，跟郎咸芬的话多了，感情也拉近了，自然而然地也就将一个寡妇的内心世界向郎咸芬敞开了。郎咸芬耳闻目睹刘大嫂生活的艰难、精神的煎熬，了解了一个寡妇心里的痛苦，找到了李二嫂的人物感觉。功夫不负有心人，不久后，郎咸芬在当地再度演出《李二嫂改嫁》，这个 17 岁的城市女孩彻底脱胎换骨了。演出结束以后，好几个妇女在后台徘徊，久久不肯离去。一开始，演员们以为是演出散场后，天黑迷路的。后来才知道是当地的几个寡妇，她们不安地向演员们咨询，她们是否也可以走出改嫁这一步。这出戏深深地震撼了那些农村妇女。

回到济南后，郎咸芬坚持不懈练习，为了练好拉碌碡的动作，她让老同志们找了块大石头，自己拴上绳子天天练。1953 年，《李二嫂改嫁》在大观园电影院演出，轰动一时，一票难求。很多观众大冬天扛着铺盖卷、拿着小马扎连夜排队买票。郎咸芬成功了，“李二嫂”成功了。从 1952 年开始，60 年的艺术生涯，郎咸芬与“李二嫂”融为了一体。

1954 年，《李二嫂改嫁》参加华东六省一市汇演。作为开幕式的演出剧目，一炮打响，轰动上海，囊括了演员、导演、编剧所有的一等奖，具有里程碑式的意义。郎咸芬作为获奖演员代表在闭幕式上做了精彩发言。该剧进京演出，当时的文化部艺术局局长田汉和夫人安娥还特地设宴款待他们。后来周恩来同志、朱德同志、刘少奇同志都先后观看过此剧。《人民日报》也在头版头条报道了本剧演出的盛况。1957 年，经过反复修改，该剧被长春电影制片厂搬上了银幕，获得了当年的电影百花奖，这部电影让“李二嫂”这个形象被全国观众所熟知，让郎咸芬红遍了大江南北，也让作为新生地方剧种的吕剧登上了全国的戏曲舞台，从此以后，《李二嫂改嫁》成了吕剧的经典剧目，郎咸芬也成为吕剧的一面旗帜。

回顾这段时间的排练，郎咸芬无比推崇导演尚之四的艺术才华。

多年以后，郎咸芬他们才知道，斯坦尼斯拉夫斯基、德国的布莱希特、中国的梅兰芳各有表演特点。布莱希特的“间离效果”论所知不多，不敢妄议。斯氏体系他们多少接触了一些。1955 年 9 月剧团进京演出，当时在京举办演员培训班导演列斯里看了《李二嫂改嫁》的演出。一天，尚之四导演带剧团部分演员去中央戏剧学院学习，旁听列斯里的讲课。

当他知道吕剧团的演员来旁听他讲课时，十分高兴。他让电影明星于兰女士告诉大家，脚下的地毯上，藏有许多根针，请你们找出来。于是大家都认真地埋头去找，几分钟之后他让大家停止寻找，原来他在训练演员的“注意力集中”。而后，他又指着一个电风扇，让大家想象它还像其他什么东西，有的说像飞机的螺旋桨，有人说像风车，有人说像太阳的光轮，有人说像旋转的锅盖……列斯里说，这是在训练演员的“想象力”。

没想到的是，他突然把郎咸芬和郭丽华叫到讲台前去做小品。列斯里给了郭丽华一个茶杯，她捧着茶杯左看右看，泪流满面。列斯里很奇怪地问她：“你为什么哭呢？”她说：“这个茶杯是父亲留给我的，看到这个茶杯就想起了死去的父亲，心里难过，禁不住流下眼泪。”列斯里又递给郎咸芬一张纸，说这是你的男友写给你的情书。她拿着这封“情书”走到一边细心地读着，表情陶醉，两手把“情书”按在胸前，脸上浮现出羞涩的红晕。列斯里对两位青年演员的表演很惊讶，他问尚之四导演：“你是怎样用斯氏体系训练你的演员的？”尚导演老老实实地回答：“我不懂斯氏体系，也没有用它训练演员。”不想列斯里听到这话竟然急了，他指着尚导演说：“不、不！你撒谎，你撒谎！”这件事让他们当时欲辩无辞，哭笑不得。离开北京时，演员们几乎人手一册，都买了斯坦尼斯拉夫斯基写的

《演员自我修养》这本书。

尚之四并非自谦。在此之前他的确没有读过斯氏的书，更不知道斯氏倡导的“体验艺术”“从自我出发”是什么。可是他在加工排练“改嫁”的过程中，却无师自通地运用着和斯氏体系相近似的方法。

从博兴县闫家坊回来，有了那段和刘大嫂同住的经历，再翻读“改嫁”的剧本，郎咸芬的感受就和在文工团初次接触李二嫂这个人物时完全不一样了。当初是个自幼没到过农村的中学生，对剧本描写的时代背景、生活环境，人们的生存状态，人物个性形成的主客观因素等一切都非常陌生。现在脑子里有了刘大嫂的形象，再看剧本中李二嫂的言行，就可以理解了，排练场里也不再觉得没依没靠，没抓没挠了。对她的这点进步，尚导演看在眼里，但他不满足，对她又提出新的要求。他首先指出，刘大嫂不等同于李二嫂，她们两人的情况存在着极大的差异。你以为像刘大嫂一样摆出个敛眉低首，不敢乱说乱动受委屈的样子就行了？不对！我要的是李二嫂这个特定人物，她与周围人物是什么关系？她应该怎么处理这些关系？你还要反复地读剧本，吃透李二嫂这个人物，让李二嫂在心里活起来、动起来。

斯氏体系强调想象力“是演员在艺术工作与舞台生活的每一个瞬间所不可缺少的，无论他在研究角色也好，或者在再现角色也好”。斯氏还谈到在创作中演员必须按照角色创作的行动目的，“用所谓内心视线看到的相应的视觉形象，这种视觉在我们演员行话里叫内心视像”。它的重要作用在于“这些视像在你心里造成相应的情绪。它会影响你的心灵，并激起相应的体验”。

我国著名导演艺术家焦菊隐先生要求“演员们在体验生活的过程中，不仅体验人物的内在思想感情，还要观察人物的外在形象特点，逐渐积累、选择、加工，以便创造出人物的“心像”来。这心像，简单的解释是指在演员的脑袋里，必须有一个完整的角色的形象。”

现在看以上两位大师的论述，郎咸芬再想想尚导演说的“让人物在你心里活起来、动起来”，感到真有异曲同工之妙，不谋而合之感。

尚之四勤于思考，勇于实践。他明白，再深刻的内心体验，再复杂的心理活动，不通过道白、唱腔、眼神、身段等外在的形体动作表现出来，就统统等于零，而形体动作的设计和运用又必须尊重戏曲观众多年形成的欣赏习惯，把程式动作化用于现代戏的表演中。因此，《李二嫂改嫁》虽然是一出洋溢着浓郁的生活气息的现代戏，在尚导演的严格要求下，演员们的表演却没有自然主义的痕迹，始终严格遵循着“有动必舞、有声必歌”的法则。比如李二嫂在全剧中的第一次上场，“尖板”后内唱：“一把眼泪一把汗”，伴着缓缓的音乐与低沉的锣声，李二嫂端着簸箕，迈着类似大青衣的步子缓慢沉重地走上，配合着疲惫的体态和满含哀怨的眼神，生动地把一个被役使、受折磨、忍委屈、含悲愤、孤苦无助的年轻寡妇的形象推到观众面前。再比如剧中第四场，李二嫂到张小六家送煎饼，想借机对其坦承心事，表白爱意。见张小六从外边匆匆归来，掀起衣襟扇风，李二嫂悄悄近前，想拿起蒲扇给他扇，但碍于张小六的母亲在场，便给自己扇。等张大娘下场后，李二嫂手腕暗中一转，轻轻地为张小六扇凉，爱意也随着凉风浸透到张小六

尚之四导演为郎咸芬说戏

的心里。这扇凉的动作有节奏，有韵律，很古典，很美。

尤其为观众称道的是剧中第二场。李二嫂在婆婆天不怕的压力下，一个人压场打麦，雷阵雨突然袭来，在忙乱的“抢场”动作中，演员巧妙地运用了云手、翻身、圆场、卧鱼儿等程式动作，准确地表现了李二嫂焦急、慌乱、顾此失彼的心态和体态。

扮演张小六的杨瑞卿谈到这场戏时说：“这场戏是张小六第一次出场，又是在疾风阵雨之中。如何体现张小六为了帮助李二嫂抢场‘顶风冒雨飞奔而来’的急切心情，又能使张小六第一次上场就给观众留下深刻印象呢？尚导演借用了李万春先生演《安天会》一剧中美猴王孙悟空出场时‘举蟒遮脸、台口亮相’的形式，让张小六用草帽遮挡头脸以抵风雨，疾步至台口，一推草帽，查看麦场上的情况（这个亮相既合乎情理，又让观众清楚地看到张小六的形象），然后一把抢过二嫂手中的木杈，顺势耍了个大刀花，跑前几步脚下打滑，一个劈叉再起来，迅速地翻场、扫场、堆垛、苫盖，运用了圆场、磋步等程式动作，表现出了忙而不乱、有条不紊的劳动场面。”

这些动作从精选的生活细节入手，化用传统程式，按照人物情感和规定情景的要求，加以规范美化，达到内容、形式的完美结合。

“当年那股子上下一心，热烈而紧张的创作气氛，在我以后从艺几十年中不多见了。”郎咸芬说，“现在想来，大家那个时候对《李二嫂改嫁》投入满腔热情，倾注一腔热血，其意义已经远远超出这个剧目的本身，我们不仅是在努力打造一台好戏，也是在为一个新剧种的诞生而拼搏。”

吕剧在中华人民共和国成立初期，仅仅有一两个专业团体艰难维持着，一个冠以“琴剧”，另一个冠以“化装扬琴”的名称。城市的从业艺人白天拉洋车、摆小摊维持生计，晚上唱戏。农村的从业艺人多是“三秋”“三夏”忙农活，农闲时组班唱戏。如果不是社会发生了翻天覆地的变化，这个形成戏曲规模时间不久的地方小戏的命运就很难说了。

随着对剧本的理解逐步深入，大家越来越感到剧种起步晚、人力单、家底薄、玩意少。从音乐来讲，原有的“四平”“二板”及各类曲牌远远不能满足塑造人物、抒发情感的要求。尚导演和作曲家张斌、李渔等大胆地提出：吕剧这点家底是祖宗传下来的，也是祖宗们创造的，老祖宗能造，咱为什么不敢造？咱们现在创造的，几十年后也就成了传统。作曲家们从评剧、河北梆子、京剧等兄弟剧种的唱腔板式中大胆借鉴，创造了诸如散板、摇板、流水板、二六板、快四平、反四平等新板式，丰富了吕剧音乐的积累，增强了吕剧音乐的表现力。在乐器的配制上，在原先坠琴、扬琴、二胡、笛、笙五大件的基础上，又根据需要增加了多种乐器，从而使乐队演奏的色彩更加丰富。

当初这些创造并非没有阻力。请老艺人来看戏，他们觉得“不三不四，不土不洋，不像吕剧了”。也有个别领导认为这些文工团团员步子迈得太大，连大提琴这类“洋玩意儿”也弄到地方戏乐队里来了，听着不伦不类。乐手们开了个玩笑，乐池内架一块幕布把大提琴遮挡起来。演出结束，领导上台说：“没有那个洋玩意儿，不是也挺好吗？”

围绕着“体现剧本主题思想，塑造鲜活的人物形象”这一主旨，改革渗透到各个领域。尚导演作为改革的带头人，他坚持舞美设计人员“吃透剧本，吃透人物，吃透导演构思”，再来决定这出戏的风格、样式、环境、气氛，并要求把舞美设计图、平面图画出来，做出舞台模型，让导演看到一个立体的空间。他给舞台设计者定下几条原则：环境明确真实，具有地方色彩，突出人物特征。该剧舞美设计贺伟先生回忆说：“‘二嫂室内’一景，在剧中出现了3次，时间都在晚上。尚导演说，全剧设计的中心应放在二嫂室内。她从想改嫁到决心改嫁，这种心态变化大都是在她的室内表现出来的。你们可研究她每场的心态，根据不同的心态，创造出每场不同的气氛。经过研究，我认为二嫂第一次在室内出现的第三场，她心中已经有了意中人，产生了改嫁的愿望，但又怕社会上的闲言碎语及种种压力，是一种犹豫不决的心态。经妇救会主任的教育，党的政策是婚姻自主，可以改嫁，没人笑话，她有了一线希望和勇气。我在布光上暖中透冷，稍暗一点，烘托出二嫂面对孤灯，压抑、惆怅、孤单的心情。室外天幕上有几颗闪烁的星星，是个万物寂静的夜晚，增加观众对她处境的同情。第二次出现即第五场，二嫂给张小六做鞋，想等他拿鞋时借此机会谈开改嫁于他的心事。当二人正要谈开时，婆婆‘天不怕’上场进行干扰，两人没谈成。虽然没说明，但内心是欢快的。在布光上增强明亮的暖光，天幕上出现半月，使观众有一种遗憾的心情。第三次出现即最后一场，是全剧的高潮，张小六从前线归来并立了功，二人谈开了婚事，群众上场，村长提议今晚庆功会上给他们成婚，二嫂心花怒放。在开幕时天幕是个皎洁的夜晚，悬有一轮圆月，寓花好月圆之意。室内灯光融融，明亮而柔和，随着情节的进展，灯光逐渐增强。当群众上场时，面光、侧光、逆光全部打开，照得舞台上的人和景物透明，在喜气洋洋的热烈气氛中闭幕。”

尚导演对一件道具、一块服装上的补丁都不放过，他要求做到既真实又具艺术美。每一场的开、闭幕都必须符合戏的情绪、戏的节奏。尚导演拿出专门时间排练每一场开、闭幕，演员、乐队、舞台美术通力配合，细致到哪一个节拍的哪一个音符幕布开启，哪一个节拍的哪一个音符幕布闭拢。总之，赴上海演出之前，大家的心都“泡”在“改嫁”中，“礼拜日休息”这句话是没有人好意思说了。

就在这紧锣密鼓的关键时刻，郎咸芬却遭遇意外，几乎断送了她的演艺生涯。那时候夏天买不起蚊帐，一天戏排下来浑身累得散了架，上床就睡过去了。不知哪一天，她的右胳膊臂弯处内侧被蚊子叮了一口，迷迷糊糊中挠破了皮。开始没在意，天天忙着排戏。后来不知不觉中创口发炎了，这才去省文联医务室打消炎针，医务室护士大姐的技术不过关，原本是静脉注射，她却把药水一滴不剩地注射进肌肉里。虽然郎咸芬的爷爷是中医，可是她的医疗知识几乎等于零，不知道厉害，后来慢慢感觉到胳膊开始红肿，继而疼痛，终于到了实在不能坚持，影响了排戏才引起重视。先是到了附近一家诊所就医，大夫一检查立刻做出诊断，说了些医学名词，郎咸芬听不懂，但他要采取的措施她不仅听懂了，而且吓蒙了：截肢。这件事情惊动了省文化局的王统照局长，他一听就急了："一个演员截下半截胳膊不就断送了她的艺术生命吗？"他派人到当时山东最好的医院——齐鲁医院请最好的大夫为她治疗。为了不影响紧张的排练工作，老局长派文化局唯一的一部轿车每天定时送她去医院打针。至今，她的右臂内侧还清晰可见一道开刀留下的疤痕，也留下了一段难忘的记忆——那个年代特有的人与人之间、上下级之间的那种单纯，那份亲近。

戏在不停地排，不断地改，直至剧团坐在赴上海参加会演的火车上，李二嫂两个重点唱段"借灯光我赶忙飞针走线"和"前方上好消息不断"的音乐还做了新的修改，郎咸芬在火车上跟着作曲一句一句地学，一遍一遍地唱……就这样，演员们悬着一颗心走进大上海。

二、惊艳"上海滩"

1954年，中华人民共和国成立后首次区域性大型戏剧活动——华东地区戏曲观摩演出大会在上海举行。这次大会全国各地都非常重视，各大区都派出由领导和主要演员、编导组成的人员来沪观摩。

华东六省一市主要剧种、剧团都参加了这次会演活动。山东派出庞大的参赛阵容：山东梆子《两狼山》《黄牛分家》，济南市吕剧团的现代戏《金光大道》，五音戏《王小赶脚》，山东省京剧团周亚川先生主演的《古城会》，山东省吕剧团除了《李二嫂改嫁》，还有参展节目《小姑贤》《井台会》《拾玉镯》《王定保借当》《双生赶船》。

山东省委、省政府对这次演出非常重视，特批专款为赴沪演出人员统一定制服装。男同志一身蓝斜纹布中山服（包括帽子），女同志则是紫色平面绒西式套裙。当这支队伍走在南京路上时，吸引了众多游人的目光，回头率相当高。

《李二嫂改嫁》被大会指定为开幕式后的首场演出，给剧团带来压力的同时也激发了大家的热情和创作欲望。除了吃饭睡觉，分分秒秒用来排练，宿舍、餐厅处处可见练功练唱之人。连夜装台、排景对光没有叫苦的，加班加点走场排戏没有喊累的。文工团员们保持着当年的作风，工作无分轻重，角色无分大小，需要谁谁就上，没有讨价还价的，大家卯足了劲儿要打个漂亮仗。

果然是"初生牛犊不怕虎"。年轻的演员们临阵不怯场，思想没负担，全神贯注，一丝不苟，演出环环相扣，剧场效果极佳，每场戏闭幕，观众都报以热烈掌声。不料百密一疏，戏演到第三场，是李二嫂的室内景，搬景的同志怕两扇门晃动影响搬景，预先把门插上了，大幕开启以后才发现。戏演到婆婆"天不怕"指鸡骂狗痛斥二嫂，眼见李二嫂就要满怀悲愤进屋痛哭了，推不开屋门怎么办？前台主任急中生智，拉下电闸，乘机到台上拔开门，避免了一场事故。妙在观众毫无察觉，还以为电路出了故障。戏在掌声中闭幕了，正如大家所知，《李二嫂改嫁》首次亮相上海，获得巨大成功。

此后，上海各报刊纷纷载文予以称赞，介绍剧种，介绍剧团，介绍剧目，介绍演员。

对于"改嫁"的成功，山东代表团自上而下，没有飘飘然陶醉其间，而是有着比较清醒的认识和中肯的分析。他们认为：山东是革命老区，抗日战争、解放战争中，山东人民做出很大的牺牲和无私的奉献。《李二嫂改嫁》的时代背景正是淮海战役期间，剧中涉及

“妇救会员做军鞋，男青年前线抬担架”的情节，很容易引发观众的共鸣，让人感到亲切。其次，《李二嫂改嫁》不是直白地、概念地，而是艺术地、生动地配合了《婚姻法》的宣传，沾了题材的光，最主要的是专家和观众没有想到这些年轻的文工团员带给他们一个惊喜:《李二嫂改嫁》是一台朴实无华、样式新颖、艺术完美、感人至深的好戏。

处在荣誉中心的郎咸芬好长一阵子都没弄明白是怎么回事，“各种荣誉忽然一下子把我包围起来了，可我又觉得这些荣誉离我很远很远，根本不属于我。”有一次开座谈会，参加的人都是各剧种的代表人物，是艺术家，像沪剧的丁是娥，淮剧的筱文艳，锡剧的姚澄、王兰英，黄梅戏的严凤英，越剧的袁雪芬等，看看这一大串金光闪闪的名字，她很自卑，感到和人家根本不在一个档次。可接到邀请又不好不去，而且还指定让她发言。她心里打怵，就去找了山东代表团的领导，向时任省文联主席的陶钝同志说了她的顾虑。陶钝同志说:“会要参加，言也要发，谈些什么，你心里有数吗？”她说:“如果一定要我发言，就实话实说。我是位算上文工团那段时间才3年艺龄的青年演员，扮演李二嫂取得点成绩，全靠领导信任、大家帮助，我才总算没有辜负大伙的期望，基本上完成了任务。真要谈到艺术经验，和人家相比，我才到哪里？”

陶钝同志听了这番话不住点头，他说:“你能这样看待成绩，看待荣誉，我很高兴。年轻人路很长，千万不能骄傲。”

近四十天的观摩学习，让年轻的文工团员们大开眼界，初次踏进艺术殿堂的门槛，就让他们感受到了戏曲艺术的缤纷绚丽、博大精深。那么多好戏，那么多名家，让人看花眼了，觉得每个剧种都有优势可取，每位演员都有绝招可学。只恨自己太笨，记不住、学不会那些艺术家们美妙的一招一式，炫目的精彩瞬间。看了人家的表演，才知道“人外有人，天外有天”。何况文工团团员原本就是戏曲界的新兵学员，在艺术的大海中，这算才刚刚湿了裤脚，在漫长的创作之路上，才刚刚迈出了头几步。

大会宣布获奖名单，郎咸芬得知自己获一等奖，她说：“我当时内心受到很大震动，在名家如林的会演中，我一个初出茅庐的青年获得这么高的荣誉，说实话，我有点蒙。我知道自己这汪水的深浅，无论如何达不到一等奖的标准。我是沾了李二嫂的光，沾了领导和专家们对吕剧寄予期望的光，沾了演现代戏的光。”

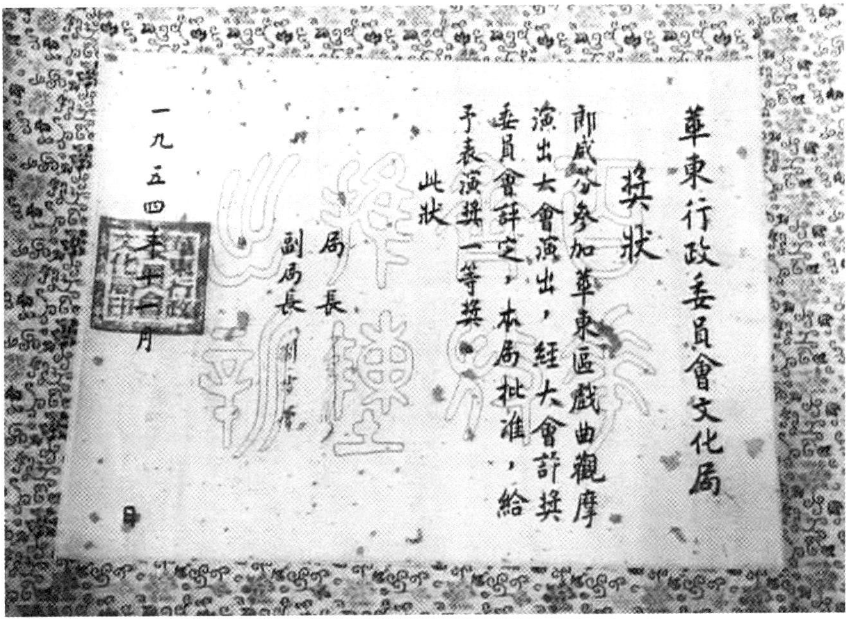
華東行政委員會文化局

獎狀

郎咸芬參加華東區戲曲觀摩演出大會演出，經大會評獎委員會評定，本局批准，給予表演獎一等獎

此狀

局長

副局長

一九五四年十一月 日

華東地区戏曲观摩演出大会“表演一等奖”

更让郎咸芬没有想到的是，大会闭幕式上，指定她代表所有获奖演员登台讲话。对一个演员来讲，这是一份殊荣。在上海期间，恰逢国庆5周年，山东代表团被指定抬着巨幅标语牌行进在国庆游行的行列中。对一个剧团来讲，这也是一份殊荣。

华东会演，使年轻的山东省吕剧团，年轻的郎咸芬，初登剧坛亮相，就站在一个高高的起点上。

三、饮誉北京城

1955年9月，应文化部邀请，山东省吕剧团进京汇报演出。行前，领导在讲话中说得很明确：这次进京并非营业性演出，而是中央有关部门的领导和北京文艺界的专家同行，对在华东会演中声名鹊起的山东省吕剧团做一次全面的检阅。所以，除《李二嫂改嫁》外，剧团还带了《小姑贤》《借年》《井台会》等传统剧目。

首都北京，是全国政治、经济、文化中心，雄伟的天安门是毛主席宣布中华人民共和国中央人民政府成立的地方。北京也是艺术家最集中，艺术院团最多，艺术水平最高的“艺术圣地”，能有机会进京演出、观摩学习，这让年轻的吕剧演员们夜不成寐，激动不已。

剧团住进西单报子胡同的一个独家小院里，自带行李，自带伙房，不论乐队演员，所有男同志住后院一间大屋，女同志住前院一间大屋。这条件和上海衡山饭店自然无法相比，但那时候大家都没有骄娇二气的毛病，更没人拿自己当“角儿”，大家思想上平等，生活上平等，感情上融洽，丝毫没有因为上海演出评了一、二、三等奖分出贵贱高低。

与在京艺术团体相互观摩、交流、联欢，让吕剧团的同志受益匪浅。中央歌剧院创编了很多成功的民族歌剧，为此，他们也从传统戏曲程式中汲取了丰富的营养。就这一点说，中央歌剧院和山东省吕剧团有很多相近的体会，演员们的相互沟通就有了更多的话题。歌剧院的艺术家在科学发声、气息运用等方面对山东省吕剧团的同志给予指导，剧团的演员们则在歌剧民族化及演唱中的韵味探索等方面给对方以启迪。歌剧院的同志还向吕剧团的演员们学习了《借年》这一吕剧轻喜剧。

在中国评剧院，他们结识了名震京津的小白玉霜、喜彩莲、新凤霞等艺术家。

与中国广播曲艺团联欢时，他们有幸聆听了《王登云休妻》，不仅领略了山东琴书唱腔板式的丰富，也为老艺术家用声腔变化一人塑造多个人物的高超技巧而深表叹服。山东琴书是吕剧音乐的母体，它能够流传数百年而风采依旧，在百余个曲艺种类中傲然自立，自有其独特的魅力所在。特别是它那数之不尽的曲牌以及这些曲牌经北路、东路、南路琴书艺术家们不断创新、不断变化发展，使得山东琴书的音乐积累更加丰厚，它是吕剧音乐创作取之不尽的源泉。晚年的尚之四先生每念及此，总是惋惜懊悔，“新吕剧开创之始，我们胆子太小，步子迈得不大，没有把大量的琴书曲牌运用到吕剧音乐中。否则，吕剧音乐的家底也不至于这么贫乏”。

《李二嫂改嫁》自然是此次进京汇报演出的重点剧目。文化部邀请在京艺术院团观摩。几场演出后，吕剧热开始升温。一如华东会演一样，《人民日报》《文艺报》《北京晚报》等各报刊纷纷发表专家及观众撰写的文章，满腔热情地拥抱吕剧这一新出现的剧种，对吕剧音乐表现出浓厚的兴趣，称赞它“声声入耳，句句好听，美不胜收”。

在专为《李二嫂改嫁》召开的座谈会上，尚之四团长首先介绍了吕剧团的情况和《李二嫂改嫁》的创作过程，以及排练中下乡体验生活，和农民交朋友，听取他们意见的情况。时任文化部副部长的刘芝明同志主持了座谈会，他表扬山东省吕剧团：“一群年轻的新文艺工作者利用传统戏曲形式演出现代戏，取得了可喜的成绩。通过这个戏的演出，可以看出他们遵循毛主席《在延安文艺座谈会上的讲话》指出的方向，深入基层，向群众学习，向生活学习，向传统学习，这个路子是对的。当前新歌剧创作有两条路，一条是《白毛女》式的；另一条路就是《李二嫂改嫁》式的，你们山东省剧团尝试着闯出一条新路子来，值得学习和表扬。”他还对参加座谈会的几位北京艺术院团的负责同志说：“你们单位的条件那么好，能排出这样的现代戏来吗？”他鼓励剧团的同志：“你们年轻，风华正茂，取得成绩不要骄傲，要下定为吕剧事业奉献终身的决心”。

在北京，剧团专为解放军各部委演了一场。曾在山东战斗过的首长们看过“改嫁”，心情又飞回当年烽火硝烟的山东战场，眼前仿佛重现山东人民做军鞋、送军粮、车轮滚滚的支前大军和那些炮火中舍生忘死救伤员、抬担架的父老乡亲的身影。将军们自掏腰包，在名冠京城的“全聚德”请剧团全体同志吃了一顿北京烤鸭，还送给全团每人一个精美的笔记本和一支金星钢笔，鼓励大家好好学习。

身为中国戏剧家协会主席的田汉先生及其夫人、著名诗人安娥女士邀请郎咸芬到家中做客，安娥赞扬《李二嫂改嫁》虽然是配合了婚姻法的宣传，但是这个戏艺术品位很高，让人从中领悟到一些东西。

田汉先生夸奖“吕剧音乐很好听，很纯朴，很流畅”。

山东老乡、戏剧家马少波先生殷殷嘱咐郎咸芬珍惜青春时光，扑下身子学文化，学理论，多练功，多练唱，多演戏。

中国青年艺术剧院的导演孙维世女士在与郎咸芬交谈中问她：“几时学过芭蕾舞，如何在‘打麦’一折戏的‘抢场’中借用了芭蕾的动作？”

郎咸芬老实地回答：“我没见过芭蕾舞，更没有学过，你说的那个动作在戏曲程式中叫‘探海儿’。在排戏时，为表示‘苫盖’麦垛，李二嫂踞起脚跟扔绳子，导演要求左脚掌点地，右腿后伸绷直，这样一美化，可能给你造成学过芭蕾的感觉。”

一时间，山东省吕剧团成了京城舞台一道靓丽的风景，郎咸芬成了众人关注的人物。

激动人心的一场演出在中央直属机关俱乐部拉开帷幕。这天晚上演出《李二嫂改嫁》，大幕开启，戏按着正常节奏一场一场推进，心中好奇的演员们忽然看到了坐在台下看戏的周总理。后来听说，因有外事活动，周总理没能坚持看完全剧，在最后一场开幕之前离开了剧场。演出结束，他特意委托某位领导来后台向尚之四导演说明情况，表示歉意。这天晚上，回到报子胡同的演职员们久久不能入睡。他们期盼着能有机会见到毛主席。

这个机会很快来到了。国庆6周年，他们又获得了扛起大型标语牌参加游行的荣誉。队伍经过天安门，他们望见毛主席向欢呼群众招手的身影，但距离较远，不免稍感遗憾。这遗憾很快被弥补：此后数年间，剧团多次在济南、青岛等地为毛主席、刘少奇、朱德、邓小平等老一辈革命家演出。

继华东会演与北京汇报之后，《李二嫂改嫁》和其他戏到各地演出同样获得一片好评，这里仅录几则：

> 在座谈会上，许多同志热烈地发言，赞扬山东省吕剧团的卓越演出，认为他们的演出成功地运用了戏曲艺术的传统表现方法，活生生地塑造了人物，刻画了劳动人民的形象，有着浓厚的生活气息。无论是表现现代人民生活的《李二嫂改嫁》，或者是表现古代生活的《王定保借当》《喝面叶》《庵堂认母》，人物的性格都是那样鲜明突出，细腻动人。大家认为：吕剧的表演、唱腔和音乐结合得非常好。辽宁人民艺术剧院副院长洛汀同志说："我觉得没有办法单独谈吕剧的表演或音乐，因为吕剧是这样一种戏曲形式：既无法离开音乐来谈表演，又无法离开表演来谈音乐。二者已经溶成优美的一个整体。"
>
> （刁云展，《贯彻执行戏曲改革方针的好榜样》，《辽宁日报》，1955年12月14日）

> 我的最深刻和鲜明的印象就是它既是在戏曲基础上成长起来的新歌剧，但却很难发现传统戏曲所给予的那种格律的痕迹。仅以扮演李二嫂的优秀青年演员郎咸芬同志的表演为例：她创造了一个在精神上受着折磨，但始终对幸福生活有着强烈的追求欲望的人物形象。而且这个人物形象是在随

着她的斗争逐渐成长的，使人们为了她的不幸遭遇而难过，为着她的幸福而欢欣。这和演员的艰苦劳动和深入的体验生活是分不开的。她在舞台上的许多姿态正是接受了传统的表演方法，因而完美地完成了完整的歌剧表演形式，增添了舞蹈的元素，在舞台节奏和戏剧气氛上准确地适应了歌剧的特殊要求。同时也恰当地表现了现代劳动妇女的姿态。给予人们艺术的生活的美的深刻感染，这是她刻苦学习所获得的效果。当然这也和导演同志创造性地在戏曲艺术中运用新的排练方法，并且特别注意塑造形象、刻画人物，以及对全剧的舞台艺术实践所做的努力是分不开的。至于对几个停顿、间歇、闭幕的处理，在舞台节奏的掌握和处理上则尤其表现了导演很大的才能。其他像饰演天不怕、李七、张大娘的演员所塑造的那样性格鲜明的人物形象，也都是十分可信的。

（洛靖，《创造性的劳动，可贵的收获》，《沈阳日报》，1955 年 12 月 16 日）

《李二嫂改嫁》剧照

关于吕剧，我们知道得太少，不能谈什么。但是仅仅看了山东省吕剧团在长春的开幕式演出的第一个节目——《李二嫂改嫁》，应该说，它已经惊动了长春的文学艺术界，作为一个观众，它已经强有力地吸引了我，使我倾倒！无疑的，这次演出定会获得极大的成功。

整整的3个小时的时间，这幕戏牢牢地抓住了我们的心，在它的微妙、细致、深刻入微的地方，强烈地感染着我们，一边看，一边不由得想说，这戏的导演和演员怎么能这么细心、这么微妙地懂得人物的性格和内心的环境！真是"小可的难到此！"

在看完戏回家路上，在兴奋得不能入睡的时候，我在想，为什么它会这样的成功？应该从这个戏中看出些什么教益出来？我们这里的艺术剧团应该从《李二嫂改嫁》中学习些什么？

首先，使我们惊异的是，这个戏对于人物的内心和环境的深刻、细致的观察和理解，它对于"典型的环境和典型性格"的塑造的忠实，那种真正做到了的细心和入微的体会……

其次，让人惊疑和佩服的是，整个戏的艺术情调的优美、完整、匀称，风格的统一，赋予感染力，演员和角色的经济和齐整，并不是只表现一个人，"一枝红春出墙来"，而是一系列的，在她身边有各种典型的人物和环境。

（史星生，《向吕剧〈李二嫂改嫁〉学习》，《吉林日报》，1956年5月22日）

第五章 《李二嫂改嫁》的美学特征

《李二嫂改嫁》不是悲剧，不是喜剧，而是抹着轻喜色彩的正剧。它的美学特征是“轻喜深婉”。以深婉为重心，轻喜为附衬，二者浑然一体。体现这一美学特征的主要人物是李二嫂。

我们看《李二嫂改嫁》会对李二嫂改嫁过程中受到阻拦而产生的内心痛苦付之一定的悲悯，但不会为之悲痛，为之悲愤。它与我们欣赏悲剧的心理感受是有根本区别的。既没有我们看古典悲剧《赵氏孤儿》那种沉痛压抑的悲壮感，或看古典悲剧《窦娥冤》那种痛心的悲愤感，同时也没有我们看古典悲剧《桃花扇》的沧桑感，看《汉宫秋》的悲凉感，《李二嫂改嫁》使我们产生的悲悯不是悲剧那种具有震撼力量的悲悯，而是如同一层轻烟薄雾，轻轻掠过我们的心头。虽个别处我们心理也涌现出沉郁与心酸。因此该剧不是悲剧，该剧造的悲悯随着本剧矛盾、人物等因素的转化，而成为正剧的格调，悲悯化于严肃与深婉之中。

我们看《李二嫂改嫁》会时时发出笑声和会心的微笑，但这笑声除了极个别处，在总体上是虚静和气的，不像我们看时下的喜剧小品那样笑得恣肆无拦。看《李二嫂改嫁》的笑，是从容的笑、沉思的笑，其中有对反面人物的讽刺、揶揄，更多的是对正面人物美好资质的赞美与理解，其中有一种近似体谅人的仁慈心情贯注于笑中。即使对“天不怕”这个人物某些情感的讽刺性强烈的笑声，也是带着宽厚的意味。本剧深婉的美学素质限制了本剧的喜剧性向外扩张的界线。

因此这个戏总体美学风貌的定位是：轻喜深婉。轻喜深婉，作为《李二嫂改嫁》的美学特征是一个统一体。给我们的审美感受也是整体性的，但轻喜与深婉又是相对独立的两个侧面。将两个侧面拆解开，在分析中更能看清各自的内涵。

一、轻松娱人的轻喜

（一）从时代背景看其轻喜性

喜剧性有社会性的因素。当一种社会现象或某一事物，已经明显地显示出它走向没落的腐朽，或者违背了社会公认的公理，已经在社会观念中置于被否定的位置中，再有人坚持、维护或滞留于这一旧现象、旧事物，他们必然成为可笑的对象。《李二嫂改嫁》蕴含的喜剧性就属于这种情况。该剧的主要矛盾是李二嫂与天不怕（以及李七）之间的矛盾。李二嫂要改嫁，天不怕要阻挡，两者矛盾的性质是两种伦理思想的矛盾，是封建伦理思想与民主独立思想之间的矛盾。是人权自由人性独立与压制人权压制人性之间的矛盾。矛盾性质是势不两立的，不能调和的。

但《李二嫂改嫁》在具体表现上，这一矛盾呈现出特殊形态，从小环境来说，天不怕作为婆婆极力钳制阻挡李二嫂改嫁，使李二嫂一度陷入痛苦，似乎要使这个戏向着悲剧方向发展，但从大环境来说，天不怕的破坏是极其无力的。剧中表现的时代背景是 20 世纪 40 年代末山东解放区，解放区的政治环境为妇女的人权独立、婚姻自主做了制度性的保护，婚姻自主业已得到普及的认同，寡妇再嫁也受到政权的支持。像天不怕这样极力反对寡妇改嫁的人和思想已失去了社会基础，他们已列入残余之类，他们的阻拦已失去了底气——正如天不怕所表白的那样："俺还敢惹谁，真是世道变了。"

在这种大的时代背景下，有人再反对阻拦妇女改嫁，本身就有荒唐可笑的性质。虽然当时（20世纪40年代末）由于旧意识的遗留，阻拦妇女改嫁的现象在农村尚存，有的地区还比较严重。但从全国范围看，当时的社会意识对“阻拦改嫁”这一行为的封建性、不合理性的认识已成为社会共识，因此，天不怕阻拦改嫁的本身就有着荒谬性。同时李二嫂滞留于旧思想，也带着可笑性。由此可以说《李二嫂改嫁》一剧的主要矛盾蕴含着喜剧性，这一矛盾的喜剧性深埋在本剧有一定悲剧色彩的具体的表现形式中。

说具体表现形式有一定的悲剧色彩，是指天不怕的阻拦毕竟给李二嫂带来精神痛苦和情感挫折。但是我们在看李二嫂痛苦展示的时候，并没有与李二嫂一样那么伤心、沉痛，并不是我们心肠太硬，我们在理智上同情李二嫂，在情感上唤起了悲悯，但悲悯是微弱的，这是因为本剧为我们提供的时代背景和规定情景都在暗中淡化我们的情感投入。一种宽松感，一种笑看天不怕她能如何动作的潜台词在无形地规范着我们的审美。《李二嫂改嫁》使我们产生的轻喜愉悦的审美笑声是属于审美中的“突然光荣感”一类。即笑的情感不过是发现别人的或自己过去的弱点，突然意识到自己某种优点时所感到的那种“突然的光荣感”。这是一种自我肯定感，即欣赏者站在了更高的历史阶段、历史水平对旧事物、不合理事物的回顾，所反映出的自身进步的优越感。欣赏《李二嫂改嫁》无论对天不怕所发出的笑声，还是对李二嫂所发出的笑声，在总体上都是一种居高临下的自我肯定感和优越感所使然。这种富有优越感的审美喜悦从客观因素来说，它是来自《李二嫂改嫁》一剧所设定的时代背景和矛盾结构。概言之，本剧的时代背景与矛盾构架为本剧的轻喜性奠定了基础。

从李二嫂心理矛盾这条线索来看，也体现着轻喜性。上文已说，从大背景看，在解放区中寡妇再嫁的问题已不是根本性的问题，但由于旧思想的惯性，仍使一部分妇女对寡妇再嫁从情感及认识上想不通或缺少行动的勇气，李二嫂是其中一个。李二嫂对寡妇再嫁的认识不是该不该嫁的问题，而是心里怕别人说，怕丢脸面的问题。因此辗转不定，生出许多波折。从大环境来看李二嫂的“怕”，既有让人理解的一面，又有让人觉得有点过于自缚的一面。正如剧中小青所说：“二嫂你可不能再犹豫了。俺大伙都替你着急呢”，也如李二嫂后来的自悔：“这都怪我自己呀！怎不把话早讲明，畏畏缩缩不大胆，羞羞答不吭声。”把李二嫂改嫁过程中的多余（又是不可避免的）的“怕”，放在剧中大的环境来看，即显出她怕得没有价值，没有价值的东西却以严肃的态度坦示给人看，就体现出一定的喜剧味道。这与鲁迅所说的喜剧是把没有价值的东西撕碎给人看的道理是一致的。这也是我们看戏对李二嫂的不幸表现出宽松心态的原因之一。

（二）从人物情态看其轻喜性

如果说，以上分析的轻喜性从时代背景看，表现得还较隐蔽的话，那么在人物情态上该剧表现的轻喜性则是分外鲜明的。《李二嫂改嫁》人物情态的轻喜性分两部分。一部分是来自李二嫂等人的属于肯定性的喜剧效果；一部分来自天不怕、李七的属于讽刺性的喜剧效果。

李二嫂这一人物所表现出来的轻喜性的喜剧效果主要体现于她在爱情表现方式上。提起李二嫂在爱情表现方面的喜剧性自然会使观众想到她为张小六打扇的细节，想到她在张大娘面前以淘米掩饰自我羞涩的情态，想到她与张小六在沉默中身不由己地彼此靠拢，想到她生怕张小六走去用鞋挽住张小六，想到她与张小六欲说又止的尴尬……不错，就是在这些地方充分地表现了李二嫂这一人物情态的喜剧性。于是我们要问：李二嫂的这些情态，何以给了我们喜剧性的愉悦？从产生喜剧性的具体形态来说，这是因为人物的内心与情态的不一致性与机械性所导致的。

李二嫂钟情于张小六，从内心里想与张小六亲近，但由于自身和环境的原因，致使她内心的情感愿望与她的外在表现产生矛盾心理，尤其是外在情态表现出的机械性令人发笑。如她为张小六打扇，出于对张小六的爱，她很想为一身热汗的张小六打扇，但由于她与张小六的爱情关系没有公开建立，又在张大娘眼皮底下，因此，才有了她那种含着提防心理的（怕张大娘发现）不自然的打扇（从内心到动作都笼罩在紧张慎微之中），于是引起观众会心的笑。而当张大娘出来时，她在紧张中机智地扔下扇子，又引起观众的笑声。这是因为她的意愿（为张小六打扇）与她的行动（紧张地打扇）两者的不一致性突然达到极致，由此表现出的动作的机械性也达到了顶点，因此引起观众爆发式的笑声。再说她在第三场表现出的喜剧性：她与张小六分坐，在沉默中，她身不由己地向张小六一方挪移，引起观众笑声。挪移的动作处理是基于生活的艺术夸张。因为对亲近的人总是情不自禁地愿意靠近。而这里能够出现喜剧性是因为此时李二嫂与张小六在爱情的探试对接中，内心生出一片紧张之情，按理说，“紧张”的气氛、“紧张”的心情应该更拉远二人的距离感，但是形体动作却反其道而行之，在紧张的机械中更凑近了二人的距离。这里仍是内外不一致与机械作用的矛盾性的情态原理产生了喜剧性。李二嫂在第三场对张小六欲吐又止的神情语言，所表现出来的喜剧性，其原理都与上同。

“不一致性”“机械作用”之所能引起笑声是因为事物（从人物来说是心态动作、表情等）离开了它应有的常态，打乱了欣赏者对它正常的惯性的认识。这种“不一致性”“机械作用”在表现幅度上又是相对收敛的，没有夸大到格外变形的程度，这才引起愉快的笑声，轻松的笑声（漫画艺术、相声艺术基本属于这一类）。

李二嫂爱情情态的“不一致性”“机械作用”，即属于这一类。李二嫂爱情情态的喜剧性里，有一种历史文化背景。中国封建的传统伦理是男女授受不亲，男性与女性之间总是隔着一道墙，尤其在男女进入爱情角色的时候，女性表现出更多的暧昧、自闭、不安、羞涩，其情态的“不一致性”“机械作用”表现得更明显。如果作品中将这种女性的爱情情态放在与之吻合的规定情境中，就不会产生喜剧性，谁也不会在戏曲传统戏中见到小姐在小生面前表现出来的那种娇态羞色而感到有多少喜剧性，而当社会制度、社会文化发生变化后，爱情中的女性在男性面前表现出的羞态不自然相对减弱，在向男性吐露爱情主张的时候，女性有了更多的大方，但当女性的爱情情态没有跟上社会文化的进步时，仍然停留在过去的旧文化培养出来的女性情态时，这便产生了令人发笑的喜剧性，李二嫂在张小六面前所表现的爱情情态基本属于这种情况。在这“不一致性”“机械作用”的背后，是社会文化与人物思想之间的“不一致性”，人物的爱情观、婚姻观落后于社会文化的先进性。

李二嫂所表现出来的喜剧性具有一层柔和的色彩，是轻喜性的，给人一种温馨感。这是因为，这些喜剧性都是在含情脉脉的爱情中发生的。温情、甜蜜、含蓄、拘谨、谨慎这些爱情特有的情愫，决定了表现出的喜剧性必定是轻喜柔和的。

从审美角度说，观众对李二嫂的笑声，既有对她的否定性又有对她的肯定性。李二嫂在爱情中、在改嫁的过程中所表现出来的喜剧性，都是根据她不能与时代同步、自身落后于时代这一大前提而产生的，从这个角度说，李二嫂的喜剧性中有被否定的一面，但被否定的也是被理解的，被同情的，被关爱的。中国封建伦理几千年，在新旧时代交替的历史关口，李二嫂体现出的旧思想和心理是完全自然的。况且她的喜剧性都是体现在她努力挣脱自我束缚的进步的过程中，因此总体上又是美的，是被称赞的。这种以美为主体，否定与肯定两种因素混在其中的复杂性构成李二嫂形象喜剧性的特点。

（三）内质相反的轻喜性

同样是表现出轻喜剧特征，但内质却相反的是天不怕所表现出的喜剧性。

天不怕在剧中的喜剧性表现在两个方面：一个是她阻拦李二嫂

改嫁一事所表现出来的忌恨、得意等情态；一个是她的破坏阻拦遭受挫折和最后失败后狼狈之态相。

她的忌恨之情态表现在她百般刁难李二嫂、指鸡骂狗欺辱李二嫂等细节中，单就情节本身说，刁难、辱骂这种欺压人格的行为不具有喜剧性，但放在天不怕身上，却有喜剧性。这是特定剧情所决定的，前文已说，剧情背景是中华人民共和国成立前夕某解放区，在这个规定情景中，天不怕这样的旧式人物和她的比较顽固的旧意识（尤其是对寡妇改嫁的认识）已经失去了社会基础。由此她对李二嫂的虐待及对其改嫁的阻拦已不能理直气壮了，但顽固的思想意识又使她继续地按照自己的想法做下去，这样她就不可避免地要自我打气。如第三场，她的自我独白："好啊，管着管着，她倒想飞啦。我看她和张小六可不是那好苗头，只顾两家互助，就怕烧纸引进鬼来。不行，我不能叫她这个样子，我得想个办法治住她。"在她这一段独白中表现了她观察人情世故的精细，也表现了她对李二嫂与张小六爱情进展的惧怕与不安，正是在这种心理状态下，她要自我强硬起来，要挖空心思想办法治住李二嫂。后面天不怕对李二嫂一系列的明敲暗骂、横拦竖挡都可以看作是她惧怕恐慌心理的一种反弹、反扑，这就不难理解她何以在张大娘面前造谣时表现得那么活跃、那么虚张声势。她面见李大娘时又何以表现得那么反常的热情洋溢。天不怕的行为带着夸张，这种夸张本身就是愚蠢，就是丑陋，必然引起人们对她投以讽刺的笑。

由于天不怕这种本质虚弱而又施强的特点，在表演上就为演员做适度的夸张准备了内在的基础。电影中天不怕的表演因为要达到导演要求的最大限度生活化，其表演很少夸张，在以后的舞台表演中，不少天不怕的演员表演特别夸张，但又能使观众接受，在戏中不显得跳色，原因就在这里。

天不怕的得意之态，如她与李七对张大娘眉飞色舞地煽动、忽悠；如她第八场自以为造谣得逞，脸上绽出笑容，也都显出喜剧性。

前者如小丑，造谣生事、手舞足蹈、搬弄口舌，一副滑稽丑态；后者一副意满志得的样态，却不知阴谋破产就在眼前，就像一个正向陷坑（自己挖的陷坑）得意洋洋迈去的小丑，怎不令人发笑。阴谋在败露之前的得意之态都会因为观众能够预料到结果，形成对比，从而激起人们的鄙夷之笑。

天不怕的遭挫与失败相比更是喜剧性的。如前面，她尝到碗底是姜汤，朝着张小六背影一声“呸”，引起观众笑声。这是观众对她嘲弄的笑，她虽然竭力破坏李二嫂与张小六的爱情进展，但爱情仍然甜蜜地向前发展着，“姜汤”就是对天不怕的有力挫败。至于后面天不怕的坐地哭天，更是她失败的终结，她坐地一瘫的狼狈相，成为观众的笑料。

天不怕她“破坏改嫁”这一贯穿动作的总体特点是放中有收、外强中虚、侧锋斜出，因此，它引发的喜剧效果不是让人捧腹大笑而是轻度的讽刺的笑声（她最后坐地哭天引发的笑声力度较强，观众对天不怕这一人物的嘲讽与否定做了最后的有力一击）。

讽刺，是主体对客体的否定与批判。但由于对象以及对象行为之丑与恶的程度不同，讽刺也有不同性质和力度。对于丑恶极的人物，讽刺的笑是冷峻的、辛辣的，没有怜悯，没有仁慈，如对吕剧《画龙点睛》中那个以敲诈盘剥为能的县令的讽刺之笑，那笑尖利如刀、重责如刮。对于非大丑大恶大凶的人物，讽刺的笑往往是带着温情，带着宽宏大量，带着对人物的期望。对《李二嫂改嫁》天不怕的讽刺之笑就属于这一类。她是旧时代的人物，她对李二嫂改嫁的阻拦确实叫人愤恨，但她毕竟不是大凶大恶的人，用阶级的观点说，她与李二嫂的矛盾属于人民内部矛盾，她阻拦改嫁的错误，终究是认识问题，她的破坏手段没有构成刑事犯罪，因此对她讽刺的笑，既是对她的鞭挞，也是对她错误行为的否定，又包含了对她的期望。我们对天不怕的笑声，其潜台词是这样：你看这个刁钻的老太太，干嘛对儿媳这么刻薄，真是个死脑筋，儿媳妇改了嫁，也不会对你薄了。正是对天不怕这个人物共同的认识，所以聪明的作家在写《李二嫂后传》中把天不怕这个旧式人物做了改造，使她通情达理，有了更多的人情味，天不怕在《李二嫂后传》中成为改过自新的人物，反证了《李二嫂改嫁》中天不怕这一人物的基本定性以及观众对这一人物给予的讽刺之笑的性质。

李二嫂与天不怕两个人物都有轻喜式的喜剧性，但表现的轻喜剧性却有质的强弱、主次之别。对观众的审美影响也是不同的。李二嫂表现出的轻喜剧性，内容主体是美的，是被肯定的，观众在笑声中把同情与爱怜赋给了李二嫂。观众也在笑声中，直接得到美的滋润。天不怕表现出的轻喜剧性的内容则是丑的，是被否定的。观众对她的笑是对她严厉的也是宽厚的批判，观众在笑声中与卑俗的人物与丑陋的道德拉开距离，获得一种解脱之感，提升了自身道德水准。

体现《李二嫂改嫁》一剧轻喜深婉的美学风格，主要担纲者是李二嫂不是天不怕，仅就“轻喜剧性”这一方面来说，也是李二嫂主宰着中心。即李二嫂这一人物形象表现出来的喜剧性是《李二嫂改嫁》轻喜风格的主体。天不怕这一人物形象表现出来的喜剧性是《李二嫂改嫁》轻喜风格的副体。假若没有李二嫂体现出的轻喜剧性作主体，这个戏的美学风格就会变成讽刺式的正剧。

二、润透人心的深婉

《李二嫂改嫁》虽然有着轻喜的特色，但这个戏绝不是轻喜剧。这个戏没有诸如吕剧《王小赶脚》、京剧《小放牛》、两夹弦《三拉房》、莱芜梆子《推媳妇》等轻喜剧那种通体光明、趣乐横生的特质。这个戏的轻喜性只是一层色彩、一层韵味，当然它已构成本剧美学风格的重要组成部分。但这既不是本剧的全部，也不是本剧美学风格的主体，本剧美学风格的主体是深婉。深婉者，即深沉柔婉。

（一）李二嫂形象决定着本剧美学风格的深婉

《李二嫂改嫁》深婉的美学特征主要是由李二嫂这一人物形象决定的。李二嫂这一人物形象是美的，虽然剧中表现了她在改嫁过程中某些旧式的思想观念，但在总体上没有掩饰住这一人物美的品质、性格。

李二嫂生活在解放区，在解放区的政治环境的影响下，她追求进步，参加识字班，积极参与支前工作，体现了新社会新女性的一些时代特点。

李二嫂的资质是善良的、贤惠的。在她身上蕴含着中国传统女性的美。她与邻里和睦相处，能够热心帮助乡亲，她勤劳能干，担负起了家庭繁重的劳动。

剧中在对李二嫂孝敬婆婆、忍辱负重方面表现得尤其感人。婆婆天不怕对她百般挑剔、狠心奴役，对她改嫁横加阻挡，还侮辱她的人格，但李二嫂并没有厉色顶撞，而是一面忍气吞声，一面据理以争避其锋芒。

李二嫂在改嫁问题上，由于旧的意识迟迟不能走出自己的误区和家庭的樊篱，就这一点来说应该受到指责与批评，但李二嫂这个形象整体资质是应该被肯定的，她的敬孝以及她的勤劳等美德是被赞许的，她青春温柔的性格是让人喜爱的，她艰难前移追求婚姻自主独立的精神更是应该赞扬的。因此，她一时的缺少抗争的软弱，她一时的心理阴影，是让观众同情的，甚至是爱怜的。

李二嫂这一形象作为审美客体，她品质的美好、她性格的柔韧、她的眼泪，都构成了深婉的审美特色。

（二）爱情情态中见深婉

李二嫂形象体现出的深婉的文化品质，不仅表现在人物品质与命运的矛盾上，还表现在她爱情中特有的表现情态上。

在剧中我们多次看到李二嫂在与张小六二人爱情接触中，表现了柔情爱意与吞吐闪展。前面已从喜剧性方面分析了她的情态。还应看到，在李二嫂的爱情情态中，还含有一种宜人的温柔与羞涩（这从舞台上立体的李二嫂形象上表现得更具体鲜明）。

温柔与羞涩是女性的天性，也是女性美的重要表现，尤其在爱情过程中表现得更加充分。造成女性的温柔与羞涩一是因为生理条件所导致。在人类的生存繁衍代代相继的发展过程中，女性要怀孕、生产、哺乳、抚育，往往反复多次，女性的生理责任，造就了女性体格的柔弱与性情的温柔，由此从人类社会开始女性就与男性做了自然的社会分工，狩猎与战争成了男性负担的任务。妇女不得不花费成年期的大部分时间和精力去关照婴儿的抚育与成长，女性的温柔在人类的进程中由此培育起来。其二，女性的温柔也是社会文化造就的结果，尤其是中国的传统文化，封建社会的文化给妇女强加了种种精神枷锁，归结到一点，就是对妇女性情的束缚与压抑，压抑的结果使妇女情感更加内向化，性格更加拘谨。贤淑、温良、柔和，成为中国传统妇女性格美的标准。这一柔婉的女性之美，其中有不合理的文化基因，但它又符合女性的天性（文静，非侵略性），当这一女性的天性与女性美好的资质，诸如爱心、善良、勤劳、坚韧等美好品德结合在一起的时候，女性的温柔便体现出独特美的价值。《李二嫂改嫁》中李二嫂形象正具备了这种温柔美、性情美，在剧中我们几乎处处看到李二嫂的贤淑、温柔，即使她受到最强烈的刺激，她也没有当面去争辩，而是采取自我倾诉的方式。她的温柔，在与张小六的接触中表现得更加充分，这在为张小六缝衣、做鞋、诉说心事等细节中更能让人充分感受到。另外，人物的温柔、文静、贤惠，更多地表现为一种气质，这种气质让人可感而不可言（这是演员表演这一人物最可贵最难得的地方）。

说到女性的羞涩问题，这也是女性在爱情婚姻过程中必然要体现的一种情态。当女性把自己的身心情感和生活轨迹划向自己恋爱男性的爱情怀抱的时刻，几分陌生、几分甜蜜、几分忧惧、几分不安，酿成了羞涩。这是由生理、生活及社会意识共同造就的女性情态。这种情态的取向是指向人性的自由与独立，指向符合人性的美好的精神境界，因此它是美的，而且是女性特有的美。

这种女性的温柔之美在文学艺术中曾得到充分表现："回头一笑百媚生，六宫粉黛无颜色"，"最是那一低头的温柔，像一朵水莲花不胜凉风的娇羞"，都是人们熟悉的名句。戏剧不同于文学，女性的这种美更多的要靠演员的资质与表演去完成。戏曲表演女性正面角色，多涉及婉、静、雍、倩、丰、媚、飘、轻娇、真、慈等气质要求。或许这些气质特点在传统女性中有多一些表现，但是女性最重要的标志之美：温柔之美，却是千古一脉，传承至今的。这种美，放射着女性天性的光辉，是女性魅力之美，它给观众审美的愉悦是柔软、是温馨、是静谧。李二嫂的表演者郎咸芬做到了这一点。第二场当一场风雨过后，李二嫂与张小六沉浸在甜蜜而又拘谨的交流中（二人对唱），李二嫂的表演，以心相系张小六，而眼睛却是回避而又低垂的，流露着几分忧郁、几分羞涩，那神情蕴藉可人。再如第五场，灯下做鞋，李二嫂沉浸在甜蜜中，这时一个人在屋里不会有拘谨，但仍然被自己想象的幸福而溢出了羞涩（表现明显的地方，如"借灯光我赶忙飞针走线，绱一双新鞋儿好给他穿"，唱中的神情；如"越思越想越高兴"之后的一系列动作神情，尤其扎着手的神情），均表现得那么美。

女性的羞涩也会因人因具体情景而异，李二嫂在剧中所表现的羞涩总体上不是青春姑娘的爱情羞涩。青春姑娘的爱情羞涩，是透明的、灵动的、纯净的、妩媚的，表现得更强烈、更外显，正如剧中第五场小青与李二嫂一段对话，当李二嫂故意说："噢，我知道又说俺那个自由对象的小妹夫啦"，小青羞涩做一团，一边偎在李二嫂怀中，一边说："二嫂，谁说他来呀，你真是……"李二嫂在剧中表现的爱情羞涩则不同，作为寡妇的李二嫂，虽然与张小六是她第一次尝到爱情的甜蜜（她嫁到李家并没有真正的爱情，她是被天不怕花了一石三粮食买来的这门亲事），但她毕竟是“寡妇”，况且周围的舆论环境不太好，因此李二嫂在爱情上表现的羞涩，总体是轻淡的、含蓄的、敦厚的。另则因具体情景不同，其轻淡含蓄的羞涩之情也有不同：二场的羞涩是拘谨的；五场做鞋的羞涩是轻松而幸福的；五场与张小六欲吐又收的交流所体现出的羞涩，又多了几分紧张；第九场，二人成婚的羞涩是含蓄而甜美的。李二嫂所表现出的女性羞涩之美，丰富了这个人物的可爱性，同时丰富了李二嫂这一人物的深婉的资质气质。《李二嫂改嫁》一剧深婉的美学特色也由此而有了丰厚的重心。

（三）悲痛中见深婉

李二嫂在改嫁过程中表现出的悲痛情感和自我孤独感，也是构成本剧深婉特色的一个方面。

李二嫂由于丧夫，她的处境更不幸了，虽说是她处在解放区，但“寡妇门前是非多”的传统观念仍没有在本村里消逝，李七的无理纠缠，天不怕的语言挖苦和挡嫁，再加上她自己错误的自我感觉，都使她有一种“我和人家隔着山”的孤独感和被抛弃感。这种悲痛与孤独像浓重的阴影笼罩着她的精神，造成精神痛苦。她正是背负着这层阴影向前挪移。李二嫂这一人物的精神阴影自然使李二嫂形象增加了深婉因素。

我们作为审美主体，面对人物的悲痛与孤独的阴影也会产生相应反应。艺术不同于生活，在生活中，我们见到一个伤心的人、一个多愁的人会同情他、怜悯他，不会产生审美的美感，而在艺术中除了怜悯之情外还有一层美的欣赏的愉悦，文学中西施颦眉捧心是美的；林黛玉多愁善感、爱流泪是美的；诗词中的悲愁忧思是美的。“忧思愁伤”在生活中是苦涩的、断肠的，在文学艺术中却转化为甜蜜的忧伤，成为人们历代审美的重要侧面。这是因为每个人生来就有强烈的生活欲望、人生理想，在为欲望与理想的奋斗中都会遇到坎坷不平，都会不可避免地产生忧伤，当文学艺术中的人物的“忧思愁伤”向你低低倾诉的时候，你在怜悯中会感到温馨，面对忧伤的眼泪与叹息，你甚至会有一种被信赖、被依附的自我价值提升的尊严感、英雄感，同时产生一种心理共鸣，在潜意识中感谢审美对象代自己抒发这种早有体验和储藏的“忧思愁伤”，似乎找到了自己“忧思愁伤”的同情者。审美者在审美中（非现实的）作了次情感的疏导与抒发，这种审美中的情感抒发是游戏性的，是以往自己实有的“忧思愁伤”借体还魂地被游戏模拟了一次。它没有实质性的断肠裂魂的情感力度，却有情结散释的心里舒畅，因此说生活中的“忧思愁伤”在文学艺术中是甜蜜的忧伤。李二嫂在剧中所经历的孤独与悲伤，作为审美对象即是甜蜜的忧伤，这种甜蜜的忧伤构成观众审美的柔婉、深婉的心理情愫。观众审美的这一心理状态是审美对象——李二嫂这一形象的精神影像的投射。

（四）深婉风格的其他因素

《李二嫂改嫁》一剧深婉的美学特色除了李二嫂这一人物形象压住重心之外，还应提到的是该剧的主题思想以及故事的叙述方式也是重要因素。

该剧主题思想，是借李二嫂改嫁的故事，严肃地批判了在生活中，尤其在农村中尚且残存的阻碍寡妇再嫁、阻挡婚姻自主人权独立的旧的封建势力，也严肃地批评了某些妇女本身存有的旧的封建意识。批判与批评都是严肃的，这种严肃性构成本剧“深婉”特色中的底层部分。

一个戏的矛盾冲突方式，即一个戏的叙述表达方式是决定一个戏美学风格的重要方面。《李二嫂改嫁》的冲突方式也决定了本剧深婉的美学特征。本剧冲突的两个代表人物是李二嫂与天不怕，但是我们在剧中却找不到一处两个人物面对面激烈的冲突情节。两人面对面冲突，都是采用软中有硬的方式。戏的前半截，李二嫂主要采用的是以守为攻的方式，以及回避的方式。戏的后半截，也没有让李二嫂直接与天不怕对抗，因为戏的情节转向天不怕挑拨张大娘与李二嫂的母亲，这样李二嫂与天不怕的冲突就转向李二嫂与张大娘及其母亲的冲突（这一冲突的背后，仍是天不怕）。剧中在表现李二嫂与天不怕、张大娘的冲突时，都没有采取当面硬抗，而是采取了侧笔方式，即一人独自抒发内心悲愤、悲痛的情感。这种将对面冲突转向个人抒发的表现方式，在剧的力度上就增加了深沉的因素。这是这个戏深婉美学风格的一个重要原因，也是重要的表现方式。

本剧表现李二嫂改嫁过程一波三折、辗转多变，也构成了本剧深婉美的一个重要方面。

李二嫂要改嫁，相中张小六，但有四怕：一怕婆婆拦挡，二怕亲娘不让，三怕张小六无心，四怕旁人耻笑。但是改嫁的强烈欲望又不能自熄，于是她在妇女主任面前羞羞答答；于是她带着矛盾心情去张大娘家探寻信息；于是她面对张小六羞怯地难以说出口。该剧以“极力摇曳”之笔写出李二嫂改嫁过程中情感的跌宕与往复，戏的味道就在李二嫂往复萦绕的心理进程之中。当她与张小六两人都下决心推开窗户说亮话时，天不怕突然出现。改嫁过程的曲折性，尤其是李二嫂内心的辗转反侧，增添了本剧的深婉之美，使观众看得津津有味，饶有兴趣。

三、生气灌注的整体

《李二嫂改嫁》深婉轻喜的美学特征在具体情节细节表现方面，有时深婉成分多一些，有时轻喜成分多一些，但总体是你中有我、我中有你，两者不可分割，两者水乳交融、浑然一体，但两者又不是平分秋色、等量齐观，两者有主次之别。即以深婉为主，以轻喜为次，轻喜只是深婉的依附。因为该剧具有深婉的气质，因此我们的审美增添了品思的意味。尤其是李二嫂她那幽幽暗暗、闪闪烁烁的心理历程，能够引起我们对传统文化、传统伦理道德、妇女的历史命运一连串的思考。这种思考无论是深是浅，都将我们的审美触角延伸到传统文化的层面，我们是在传统文化的背景下来欣赏李二嫂的。这种较宽而又较深的审美空间，是该剧深婉特色为我们拓展的。但是当我们在看这个戏的时候，我们没有正襟危坐一脸严肃地观看，我们的审美心情并不压抑也不沉重，反而有几分轻松感。这是因为这个戏的矛盾并不复杂，这个戏的主题也不是多意的，要说明什么，很明确。戏的情节故事已经节省了我们的欣赏精力，在这个基础上，本戏轻喜的喜剧性很顺畅地进入了我们的审美心境。

《李二嫂改嫁》自始至终，或显或隐，浮动着喜剧味道，这层轻喜剧味道，没有独立地张扬成一个方阵，它始终像小丫鬟陪伴小姐一样陪伴在深婉气质的旁边。

（一）轻喜深婉美学风格的微妙变化

《李二嫂改嫁》深婉轻喜的美学特征归根结底是植根于作品浓郁的乡土气息和生动的农民形象之中。美学中一个重要理论是："美是生活"，"任何东西，凡是显示出生活或使我们想起生活的，那就是美的"。欣赏《李二嫂改嫁》，每一个观众都会从舞台上的表演中强烈地感受到眼前展现的是真实可信且富有感染力的乡土生活，每一个人物形象都使我们想起农村中的类似人物。舞台上的生活细节诸如打场、做鞋、缝衣、淘米、缠线等是那样的逼真、细腻，给人一种生活真实的美感，尤其人物之间的情感交流与语言的分寸是那样准确，不多也不少。总之《李二嫂改嫁》充满了农村新生活的清新、朴实和温馨的乡情、乡俗、乡气、乡风，这片浓浓的农家风情是《李二嫂改嫁》一剧深婉轻喜美学风格的底蕴。这层底蕴是《李二嫂改嫁》美学风格的生命。没有这层厚厚的底蕴，《李二嫂改嫁》的深婉轻喜则流于造作，则缺少扣心袭魂的力量。

作品的美学风格基于作品，而完成于欣赏者。作品的美学风格是作品与欣赏者共同酿造的。只要这个作品长久地存留下来，它的美学风格，必然会随着不同时代的欣赏者而发生微妙变化，《李二嫂改嫁》即有这种情况。

《李二嫂改嫁》创作演出于20世纪50年代，那时看《李二嫂改嫁》，对剧中深婉的成分的感受要多一些，因为那个时候，妇女改嫁问题在某些农村还较严重，因此农村妇女，尤其是身世类同于李二嫂的妇女，看这个戏，看得掉下眼泪，可以说她们心中轻喜剧成分感受较少。作为城市观众，那时候看这个戏，因为知道在农村中还有不少李二嫂现象，在看戏时，仍然带着某些严肃的心态。观众的剧场反映也必然有形无形地影响着演员的表演，使演员表演更加严肃化，于是本剧深婉的气质会更浓一些，这由两点可以印证：一是20世纪50年代扮演天不怕、李七的演员在表演角色的时候，总体上是规矩而收敛的，夸张的成分很少，演员（包括其他演员）基本是以演正剧的心态处理角色。该剧轻喜的成分更多地是从剧本本身、人物行为中流露出来。这种表演状况势必使该剧深婉的美学特色罩上一层严肃气。第二个例子，可以用电影《李二嫂改嫁》来证明。电影《李二嫂改嫁》更加生活化，更写实，其创作心态更正剧化，更严肃化。这虽然可以用电影表现写实更得心应手、更符合电影艺术特征的理由来说明，但在导演意识中，更看重本剧的社会问题的分量却是导致导演完全用正剧风格处理的根本原因。在影片中，且不说抹去天不怕一切夸张的痕迹（如天不怕坐地哭天），就是像李二嫂为张小六打扇、扔扇的生活化很强的喜剧因素，也抹去了，淡到几乎看不出喜剧性，以上两例，说明在20世纪50年代，《李二嫂改嫁》深婉轻喜的风格，其深婉的分量更重一些。

历经50年后再看《李二嫂改嫁》，美学风格悄然发生变化。《李二嫂改嫁》深婉的特色在褪色，而轻喜的特色在加浓。从理论上说，是因为《李二嫂改嫁》的主题已经不是社会问题，无论城市观众还是农村观众，谁也不会看《李二嫂改嫁》再流泪了，观众是带着更多的优越感，笑看李二嫂改嫁这一幕历史故事。马克思主义理论及喜剧曾说：喜剧是“人类愉快地与自己的过去绝别”，当代观众看《李二嫂改嫁》，是看我们自己的过去。从内心溢出的轻松愉悦，显然是一种与自己的过去绝别的心态。因此现在演出《李二嫂改嫁》的轻喜性在加浓。但观众的审美心态毕竟不能完全脱离作品，《李二嫂改嫁》深婉的品质——尤其是李二嫂本身的资质、性格并没有改变，她仍然稳定着本剧深婉的基本美学品质。因此，虽然现在《李二嫂改嫁》美学风格其轻喜的一面有所加强，但仍没有脱离以深婉为主、轻喜为辅的基本格局。这种变化实际已然无意识地体现在了演员的表演中，如天不怕、李七表演的夸张从来没有像现在这样大，其他角色也基本如此。仅以李二嫂第四场“打扇”这个细节来说，现在表演得多么夸张（喜剧效果也强烈），这不是孤立现象，再联系张小六大口嚼煎饼以及李二嫂与张小六对面手足无措的夸张表演，都表明了现在的表演意识在追求喜剧效果方面比 20 世纪 50 年代加强了。

其夸张的表演有它的时代的合理性。但我们认为应该将这种夸张性的表演纳入自觉的意识。目前年轻一代的《李二嫂改嫁》表演，其夸张性，并不是源于对本剧主题与时代的关系这个角度去自觉把握的，更多的是在追求剧场效果，这与当代戏剧表演重包装、重外在形式、重剧场互动效果，这种总的戏剧倾向相关联。认识《李二嫂改嫁》主题与时代关系的变动，认识这种变动带来的本剧的美学风格的微调，目的在于更能自觉把握自己的表演，使自己的表演夸张有度，能够互相融在一个更完整的美学风格中。

（二）美学风格与剧种风格相契合

当我们谈及《李二嫂改嫁》美学特色的时候，还应看到《李二嫂改嫁》的美学特色与吕剧这一剧种的美学特色是非常吻合的。这种吻合是《李二嫂改嫁》一剧成功的重要因素。

吕剧的美学风格是柔婉质朴。剧种的美学风格在艺术因素方面主要是由这个剧种的地方语言、唱腔特点以及表演而决定的。吕剧遵从的方言是济南方言，济南方言的调值规律最大特点是两个降调，却没有高升调；吕剧的唱腔音乐的特点是以下行级旋律即常说的叹息形旋律为主要声腔特色，代表音乐调式是“四平”。吕剧的方言与唱腔两方面的基本特点决定了吕剧剧种风格的柔婉性。吕剧方言中的纯朴和吕剧唱腔中以二板为形式的唱腔旋律以及吕剧贴近生活的表演，又决定了吕剧剧种质朴的特点。吕剧艺术柔婉质朴的风格为《李二嫂改嫁》这一剧目的深婉轻喜的美学风格的伸展准备了最佳的平台。李二嫂内心痛苦的幽怨盘旋，在“四平”的唱腔旋律中得到淋漓尽致地倾诉。李二嫂形象的温柔、文静以及几分柔弱，与“四平”的音乐特性高度地糅合在一起，似乎李二嫂在剧中不用唱念，只需在“四平”音乐声中一坐一站，她的形象特质就自然地涌现出来。我们认为：吕剧唱腔的“四平”最善于抒发幽怨柔婉的情感，然而李二嫂形象的情感重心恰恰是幽怨柔婉。何以如此巧合？是当初创作者们认识到吕剧音乐这种特别表现力而有意选择了李二嫂这一形象？还是无意识地暗合？我们想这大概是潜意识的契合——吕剧艺术家们根据吕剧以往的剧目实践，本能地感觉到《李二嫂改嫁》这个题材故事适宜吕剧表现，李二嫂这一形象适宜吕剧的艺术形式。在选择以李二嫂为主角的《李二嫂改嫁》这一剧目时，当时的吕剧艺术家们不会只想到这个题材有现实意义，一定是在他们的艺术思维中，在潜意识中叠印出兰瑞莲（《井台会》）、李氏女（《小姑贤》）、郭丁香（《休丁香》）、王宝钏（《搬窑》）等不幸的妇女形象，自然还会出现其他的女性形象。总之，女性形象尤其是不幸的妇女形象，是选择确定李二嫂这一新旧时代交替中新形象的参考。

李二嫂与以往吕剧剧目中的女性形象纵然不同，但有一点却是相似的，这就是在她们身上体现出来的女性的柔婉、柔弱，化为音乐形象就共同地系在“四平”的旋律上。当然“四平”的音乐素质不仅只是表现柔婉、柔弱，它同样可以容纳深沉的情感。因此，李二嫂形象表现出来的深婉，在吕剧音乐中（主要在“四平”中）找到对应。至于《李二嫂改嫁》表现出来的轻喜的一面，从吕剧剧种风格来说，主要得益于吕剧朴素自然的表现风格，从音乐角度来说，则主要借助于吕剧的“二板”。“二板”的音乐素质，朴实、流畅、轻快，便于说唱。它的流动性跳跃着轻喜意味。吕剧的表演与音乐，由于长时间地表现农村生活中的家庭、邻里的情趣，自然生成了一种朴素而轻喜的生活气息、艺术气息，这为《李二嫂改嫁》这一剧目轻喜的风格特点准备好了土壤。

《李二嫂改嫁》剧照

《李二嫂改嫁》一剧的美学特征与吕剧剧种美学特征达到高度统一。这是《李二嫂改嫁》一剧为以后吕剧创作所提供的极为宝贵的经验。在《李二嫂改嫁》以后的剧目创作中，吕剧艺术家们基本继承了这一经验。如以后创作演出的《姊妹易嫁》《逼婚记》《石龙湾》《军嫂》《蔡文姬》《苦菜花》《钗头风》《山高水长》等一大批剧目都与吕剧剧种风格做到不同程度的适应，当然也有基本不适应或是适应参半的剧目，它最动人、最精彩之处，应该恰恰是最能体现本剧种特色之处，即是最能体现本剧种独有的美学特色的地方。特色是在其他剧种中（即使是同一个剧目）不可能得到的审美享受。《李二嫂改嫁》最动人之处，最给人美感处，是全剧的温婉朴实之美。具体说是在第三场她眼含泪水关上房门之后的大段抒情，是在第五场她灯下深情脉脉地做鞋的演唱，是在第五场她与张小六欲吐又吞的爱情交流，而这些地方恰是吕剧剧种风格浓郁的地方。

总之，《李二嫂改嫁》之所以能够成为吕剧新生的转折点，吕剧发展的里程碑，和该剧人物形象的时代性、精细入微的心理刻画和温婉的吕剧风格结合必不可分。而郎咸芬对李二嫂的成功塑造更是起到了决定性的作用。

第六章　郎咸芬的李二嫂表演

郎咸芬塑造了一个性情贤惠温婉，思想有些保守，却一直在徘徊中前进的血肉丰满的李二嫂形象。李二嫂的文本形象是一个既带着封建思想残余又能在组织与乡亲的帮助下挣脱思想顾虑，积极争取再嫁改变自身命运的妇女形象。郎咸芬以真实感人的表演，准确地掌握了这一人物形象特点。

一、浓郁的生活气韵

郎咸芬为塑造李二嫂形象曾多次深入农村生活，对农村生活有着深刻的体验，对李二嫂式的农村妇女有着深切的了解，对农村劳作有着细致的观察，这一切都融化和运用到她的表演中，从而使她的表演真实朴实，散发着浓郁的农村生活气韵。

首先，她表演的李二嫂，从精神气质、眼神、情感、举手投足等方面均掌握了农村妇女的特点：即精神静稳、气质朴素、眼神善良、与人交流真诚、语言温和，一举一动透发着农村妇女式的贤惠。从而使观众相信这个李二嫂是一个最平凡朴素的农村少妇。李二嫂这一人物身上散发的农村气息既是她长期深入农村生活的自然积淀与流露，又是她能动地把握与表现。人物身上的这一片朴素气质说起来，是较虚空的，但观众的感受却是实在的。郎咸芬表演的李二嫂，自始至终能使观众心悦诚服地相信，她是农村妇女形象。说句白话，即她演得像。

郎咸芬表演的真实感和生活气韵具体体现在诸如推磨、打场、拉碌碡、绱鞋、淘米等劳动细节上。这些农村的劳作，她做出来非常逼真、细致入微，很有生活实感。如第二场打场她拿木杈，总是斜拿着；她深知农民从来不会竖着拿杈。再如绱鞋：看针脚、以头发舔锥、扎鞋底、穿针拉线、拽线紧勒等动作是那样细致，甚至连摘线毛、用拇指擦鞋边，用袖口擦鞋面等这样细微的地方都不放过。真让观众叹服她观察生活的精细。

艺术真实地表现生活，不等于生活真实地进入艺术。郎咸芬把真实的生活运用于表演中时，是经过了艺术的裁剪与提炼的。因此她的表演既充分地体现出生活的真实，又不烦琐、多余，做到了艺术真实与生活真实的统一。

总之，郎咸芬的表演，从人物的情感气质到具体的生活动作，体现了生活本身具有的鲜活性、生动性，从而使观众强烈地感到一种生活的亲切感和感染力。

二、全面的表演技巧

李二嫂是一个由保守到开放有变化性的人物，郎咸芬有层次而又自然地向观众展示了这一变化的过程。这一点，她本人有很好的表演介绍。

她的介绍，简括而到位，她的实际表演要比她的介绍更精致更丰富。在每一个小单元的表演中，充满了丰富的变化。如第三场“对孤灯想往事”那段演唱，即有怨恨、哀婉、向往、犹豫、苦闷等层次。

她的表演寓变化于自然中。我们想一想李二嫂在前面含泪对孤灯那副悲痛辛酸的形象与后面她唱“前方上好消息不断”那种喜悦轻松的形象以及与戴上红花后的甜蜜幸福的情感，前后形成多大差别！然而我们却在不知不觉中接受了变化。人物性格思想于渐变中完成，表现出演员对人物形象整体把握的深厚功力。

李二嫂本身就是一个情感内向的人物。郎咸芬把握了人物这一特点。在她的表演中我们时时刻刻感受着人物的内在情感，内在心理活动。这样的例子举不胜举。如第一场与天不怕对话，李二嫂说，六兄弟开会去了，不能来帮忙打场啦。天不怕说，“要是张小六死了，你还不过日子啦。”天不怕的话对李二嫂来说像刀扎心，李二嫂对此只能强忍，其表演上，仅用了一个小小的急促回头背身相避，但扎心之痛尽在其中。

同样是回头背身，在李七向李二嫂说：“叫你一个人打场？弟妹，张小六不管你的事了吗？”面对李七不怀好意的挑衅，李二嫂的表演是背身以对，脸上流露出厌弃的神情。同样是背身，在天不怕骂鸡时，李二嫂的表演先是背身咽气以忍，继而大背身，手扶脸面。天不怕对李二嫂人格侮辱，句句如污水泼面，越泼越急，致使李二嫂心尖痛、脸发烧，愤怒至极，气喘不平，这才猛转身冲进屋里唱出了那句名唱：“李二嫂眼含泪关上房门。”

似乎相同的背身动作，在不同情境下表现出不同的内心情感。在这里，动作并不十分重要，重要的是那不同情感在含蓄压抑中的不同状态，给人以强烈感受。

郎咸芬的表演细腻还体现于她眼睛的运用上，有评论说郎咸芬有一双会说话的眼睛。李二嫂这个人物，外在多矜持，内心很丰富，需要演员有一双会说话的眼睛，而郎咸芬恰恰给予了人物这双眼睛。这里仅举几例。

第一场：李二嫂上场唱“一把眼泪一把汗”一段。其中有两句“满街的光景无心看，我和人家隔道山”，若按字面理解，唱“满街的光景无心看”，其表演不会再向四处观看，将人物沉郁的心情直贯而下，也是可以的。但郎咸芬的表演，恰恰相反，唱完“满街的光景无心看”，而抬眼微微向远处略扫了一下。

这一眼睛的运用很准确，人物此时的“看”，不是欣赏“满街的光景”，而是伤心地看着他人（他人的成双成对，或是他人的喜气洋洋，精神振奋），这一眼可以当作实看，也可以当作虚看，总的说，周围的人都处在新生活带来的兴奋之中，李二嫂本来也该如此，但她的家庭情况，她的一时不能解开的思想疙瘩，使她心情、思想浓郁不展，觉得个人与人家隔道山，那一眼，是忧郁的一眼，是伤心的一眼，其深处又是羡慕的一眼。有这一眼，再唱出“我和人家隔道山”，其内容中有了对比，角色内心在对比的刺激中更充实了，情感的流程更顺畅了，情感表达更丰富了。

这里的一眼可以与第三场李二嫂受到二哥与主任小两口亲亲热热的刺激对照来看。第一场，这一张望及带之而来的“我和人家隔道山”的感觉，是虚的表现，而第三场面对二哥与主任的自我隔山之感，则是实的表现。这前与后，在表现上是一虚一实，但在李二嫂内心感受脉络上则是一脉相通的。故而，在前面李二嫂的那一眼神、情感是不能马虎过去的。

二场结尾：天不怕泼姜汤。李二嫂下场之前欲拿地上的碗。其表演先是看碗，又慎微地看了一眼天不怕，继而去拿碗。这两眼合情合理。第一眼理所当然，李二嫂要将碗顺便带回去。第二眼，瞅天不怕一眼，又担心天不怕见姜汤碗又无理找茬，有微微怯惧的心理。李二嫂欲取碗，天不怕说“我捎着吧”。李二嫂的眼神是收敛而淡漠的，继而淡然大方地转身下场。这一段的眼睛变化，既含蓄又丰富，准确地表现出李二嫂此时的心理，以及与天不怕的关系。

第四场李二嫂为张小六扇扇子。在李二嫂由自己扇，转向给张小六扇的前面，其表演是：先思索侧身望了屋门一眼，再转向给张小六扇。此时对话中，微屏气，眼睛在内视，轻微地闪动挪移，流露出不安的心思。

再如这一场李二嫂与张小六两人的对白与对唱。其对白与对唱，李二嫂的表演在神情上是笼罩在含蓄矜持不安之中，故两只眼睛多有动移不定、视而不实、反视内心的特点。其中有一处眼神值得挑出来说一下，即李二嫂在唱“倘若走了两条路”时，其眼神在焦灼中左右闪动，其不安与焦虑表现得有灼人之感。这个眼神在李二嫂全部的眼神中，其动率，其力度，都是仅有的，几欲跳出李二嫂形象格调，但用在这里，又是自然的，因为这时确实到了“箭在弦上”的紧急时刻（明天小六即要走，今晚不谈何时谈）。有了这个眼神，才有了她下决心向张小六讲明的决心（不料又被天不怕阻挡）。这个眼神使我们窥测李二嫂她性格的另一面：机锋的一面。也使我们感觉到演员郎咸芬性情中机锋灵动的一面。

这里使我想起豫剧表演艺术家马金凤在《穆桂英挂帅》、《花打朝》中的穆桂英、程七奶奶的表演，她常用这种频率很快的眼神闪动，这不同于一般角色的眼神横扫（如表演思考时），它也不同于以上举的《李二嫂改嫁》中的眼神例子，它没有太具体的情感含意，它主要含意是表现人物的一种精神飞动与威气四射。有一点却是相同的：从这种眼神的律动与力度里表现马金凤、郎咸芬两位艺术家共同的内在，这就是演员天性中那种锐敏机锋的素质。为此我们不同意有人说的郎咸芬表演天分较钝（她自己也谦虚地说自己笨），郎咸芬她具有表演艺术家应有的细腻机敏的艺术感觉和丰厚的情感世界。

再如这一场的结尾：李二嫂想明天早晨和妇女识字班的姊妹一起欢送张小六等支前民兵。天不怕却横加阻拦。

> 天不怕　明天一早哪里也不能去，跟我上场打麦子！
> 李二嫂　（一惊）打麦子？娘啊，不是说的晒晒再打吗？
> 天不怕　早打了早吃！

这时，李二嫂的心情是可想而知的，一腔热火被一盆冷水泼击，沉愤至极，却又不便直言顶撞。

李二嫂的表演，没有任何动作，只有两个眼睛的神情心寒、心伤、气愤地向里收缩着。那眼神，给人贬肌敲骨的颤栗感，胜过任何语言与动作。

眼睛的运用，有时不交流也是戏，如第二场麦场李二嫂与张小六情意绵绵的一段戏：李二嫂对张小六，深怀着浓浓的情意，但外表却很平静。眼睛不时地避开张小六，于自然从容中表现出李二嫂的贤良本分，以及此时李二嫂保守拘谨不敢展露的心理。

“一身之戏在于脸，一脸之戏在于眼”，看郎成芬的李二嫂表演，你会想到这句戏谚的内涵。

三、准确的距离感

一个好演员，总是能够在表演调度、位置上找到准确的距离感。准确的距离感是角色关系、角色内心情感在外部调度、位置上的准确表现。郎咸芬在李二嫂这一角色表演上即体现在她在这方面的准确感悟。且举三例：

例一：不即不离的站位。

第一场，李二嫂碾面回来，听到婆婆天不怕又在骂她，她轻悄略快地走进房。天不怕坐在桌子右边，李二嫂进来后，站定在桌子左侧而略微靠前，但又与天不怕保持一定距离。这个方位距离就很好。婆媳的对峙关系不允许李二嫂离天不怕太近。但太远又显得李二嫂对婆婆不恭，在距离上，采取不即不离的位置是正确的。再加上李二嫂两番念“娘啊”，其语气是诚恳的，其体态是略向前微探的，这就把李二嫂此时与天不怕之间的外部空间距离，上升到李二嫂与天不怕两人之间的关系距离的表达。即李二嫂对天不怕的基本情感态度是不即不离，既真诚地敬孝婆婆，同时又谨慎地保持心理距离。

例二：内涵丰富的“弧形侧移”。

第三场，当李二嫂带着疲惫的身子进屋来，迟重地走到床边，刚刚坐下时，天不怕又传来斥骂声：“……你就死在那里啦！”此时，李二嫂一惊，迅速地走出门去……只说从床前快步走出门，这屋内的一段线路。郎咸芬的表演不是直线地直奔门去，而是走了一个“外弧形”。这个“外弧形”不能简单地理解成台上走弧线，为了好看。这实在是人物关系的一种出神入化的表现。对于婆婆天不怕平日里百般虐待，明斥暗骂以及对改嫁的顽固抵触，伤痛了李二嫂的心，李二嫂对天不怕此时的确有惧怕的心理阴影，她怕天不怕无事生非，更怕她不知何时又发邪。而此时，猛听见婆婆一声厉叫，她自然心里怦然一跳，会迅速地走出门去，而这里走了一个“外弧形”，正是李二嫂惧怕心理的外化，它表达的是这样一个意思：既怕向前，又不得不向前，只得迂回而向前，这种情态在生活中是常见的。但是常见的是，害怕的人看着让人害怕的人或物，迟迟绕移地向前凑合。而剧中这个情节却是让人害怕的人（天不怕），并不再害怕的人（李二嫂）眼前，只是传来一声厉叫，因此才有了迅速的脚步，但因为是去接近让人害怕的人，故而又有了带着闪躲意味的“外弧形”的调度路线。一个“外弧形”，既把天不怕这个人物置于弧形的中心，让人似乎看到阴沉的天不怕正定居在弧形的中心；或者说天不怕的淫威已经辐射到屋内，挤逼着李二嫂，使李二嫂不得不绕行而去。同时，又把李二嫂对天不怕的惧怕心理做了传神的表达。

这个“外弧形”的调度，实在是寓意深刻，且又调度优美，是表演中把握距离感的上品佳例。

例三：绝妙的打扇位置。

第四场，张大娘进屋拿做鞋的布，李二嫂凑到张小六跟前，为他递水打扇。“打扇”的位置站得特别准确。若从为张小六打扇这个角度说，显然李二嫂站的位置是远了点。仅从站的位置尺寸来说，是李二嫂与张小六对话的位置，这个位置正适合此时李二嫂与张小六的特殊关系（仅是走动较近，却未明了恋人关系），但李二嫂对张小六的情感所使然，又使她由自我打扇转向为张小六打扇，那么，这个站的位置又不能与张小六太远。必须适应“由自我打扇转向为张小六打扇”这个转折，这样，才更符合此时李二嫂对张小六的情感，也才能随时应对张大娘突然出来被见到后的情景。正因为这个距离非常准确，才使她在张大娘刚一出来，即丢扇，做得那么自然。（这一点，从电影上的表演看得更清楚，电影上表演打扇、丢扇，没有太多的夸张，它的喜剧性，只是让观众从内心里稍微感觉到一点。在舞台上表演这一点，就夸张多了，那是为了取得较强的剧场效果。这主要是由演员表演所使然）从李二嫂站的位置来说，假若不用“丢扇”，李二嫂见张大娘出来即而由为小六打扇转向自我打扇，这个位置距离也是非常合情合理的，符合张大娘以及外人的感觉。站得位置太近（即使是自我打扇），看上去也不舒服（因为尚没有明了恋人关系）。站得太远，又不符合走动亲近的邻里关系，也不会有转向为张小六打扇的动作，由此可以说郎咸芬选择的这个距离是非常准确的。

舞台上的距离，必须准确到位，若有偏差，虽不能说“失之毫厘，差之千里”，但总是让观众不舒服。准确的距离，本身就是戏，就是美的画面。舞台感悟颇高的郎咸芬，深谙此理。

四、新的表演程式

1954年，报纸评论，赞郎咸芬演李二嫂：“舞蹈动作优美，雷雨一段，她表演惊慌失措，快步翻身，舞姿变化多端，后与张小六一同抢救麦子，对舞的一场戏更是又真实又有力又美丽。”[①] 1956年《黑龙江日报》《看山东吕剧李二嫂改嫁演出后的几点感受”》一文：“郎咸芬同志在运用传统技巧上也是有成就的。她摸发、拿灯照小六的鞋、拿杈子、挎篮子等身段，完全是从传统技巧中来的，线条很优美；在风雨中抢麦子时，她前扑、后仰、垫脚，最后用了一个‘屁股座子’的身段，那是既优美又富于说明性的。”

李二嫂表演在形体戏曲化方面，约有两种形态。一种是大幅度的舞蹈动作，如抢麦子时化用的“云手”“探海”，这类动作在戏中特少。另一种是看似生活化的动作却又赋予戏曲的造型、节奏的韵味。这些动作是她形体动作中的主体。如她的摸鬓、看鞋及侧身回视等，含有造型意识，属于这一类型。她的轻而紧的走路，含着圆场台步的成分，透出人物保守甚微的心理，是戏曲舞蹈化的表现，也属于这类。

在动作中一个明显的例子是第三场，当唱完：“谁料想我丈夫早丧青春”后，伏桌，以手擦桌边的动作，有力地表现出人物的内心痛苦。动作紧合着音乐，这是生活动作，也是戏曲动作。这就是戏曲“动作无不节奏化”原则的运用，既深刻地表现情感，又有戏曲式的表演美。

这个手擦桌边的动作，在电影《李二嫂改嫁》中还没有，是以后在演出中增加的，但在电影《李二嫂改嫁》中后面（相等于第七场）李二嫂痛苦地斜卧老枝的时候，在唱到“六兄弟你怎么还不回转”的“转”时，其表演已经下意识地明显地做出以手擦树的动作。我们想，“以手擦树”的动作是郎咸芬以后第三场“以手擦桌”动作的萌芽与转换，这一“转换”是无意识的“暗转”。

在李二嫂表演中，这种将生活动作与戏曲味、戏曲美揉在一起的表演是其基本形态。而且这种表演形态恰是吕剧这一以现实表演

① 顾仲彝．评吕剧《李二嫂改嫁》[N]．解放报，1954-11-09.

方式为主的剧种需要解决的表演方式。在20世纪五六十年代，郎咸芬既把李二嫂的表演提升到这个层次，且为观众所认同、所赞扬，真是不简单。这种表演实践为吕剧表演风格的探索，作出示范性、启示性的贡献。即使在今天探索吕剧表演风格该怎样做？走什么路？也需要先把眼睛长时间地注视郎咸芬李二嫂的表演，学习、探索、总结她的表演经验。

郎咸芬李二嫂的表演以后也有变化。她20世纪80年代表演的李二嫂，虽然某些地方更深刻了，但少了过去的清朴自然。

艺术审美规律告诉我们："当我们对一件艺术作品起美感时，在我们身上发生的有一种双重同情活动。一方面我们同情于所描绘的人物，他们的外貌以及他们的温柔的或强烈的内心活动；另一方面我们的同情，还由作品转到艺术家，是他才把我们从日常猥琐事物生活中解放出来，我们对他们的敬慕使我们有一种倾向，要从他的天才所放射出的人物中寻找他自己的灵魂中的一丘一壑。"当我们欣赏电影《李二嫂改嫁》或20世纪60年代舞台剧《李二嫂改嫁》时，剧中李二嫂这一人物的温婉的气质给了我们那么大的吸引力，由此感佩李二嫂扮演者郎咸芬，在那么年轻的时候就体现出那么高的表演水平，剧中人物与演员一同在我们心中留下美好深刻的印象。20世纪80年代以后，再看《李二嫂改嫁》，这时艺术审美的现实是三重形象与三重移情叠印在我们心中。一是20世纪50年代电影《李二嫂改嫁》的李二嫂形象，她仍以其鲜活温润的艺术形象娱悦着我们，给我们挥之不去的美感，幸有电影做了永恒的记载。二是20世纪80年代后舞台李二嫂形象，那是她已五十余岁，一方面舞台经验更加丰富，对李二嫂表演更加驾轻就熟。另一方面，由于演员年龄原因，李二嫂形象的年龄感也增加了，人物的青春气息相对减少。三是对李二嫂扮演者郎咸芬的感触，郎咸芬演李二嫂超过千场，但她的表演没有像一般人所容易出现的因为演得场次过多而沦入潦草走过场的演出弊病。她每一场演出即像表演体验派所强调的那样，总是深入地一次一次地再体验，她能够在演出上千场的表演中几乎每场演出都流出眼泪（如“李二嫂眼含泪”时表演），这足以证明她对演出的高度认真。但不容掩饰的是，她的外部动作以及情感的反映在向深刻的深入中出现板结，时不时地给人不自然的感觉，如第一场反对天不怕的呵责的吃惊；第二场为张小六缝完衣服，将针插在发髻上，手腕弯转的动作；第三场唱完“李二嫂眼含泪关上房门”后的扑门；第四场为张小六打扇后的打扇……都夸张有余，这种状况可以以她 2000 年之后舞台演出实况录制的光碟（齐鲁音像出版社出版）为证例。

造成这种现象的原因：

1. 她演得人物毕竟是年轻寡妇，1957 年拍电影时她 22 岁，与剧中人物年龄相近，外部形象没有审美的隔离感。戏曲表演，演员年龄与角色年龄的对等关系，不像影视要求那么严格，戏曲有一定的松动性，尤其是传统戏凭借化妆与表演，更可缩小演员与角色的年龄之差。现代戏的松动性则大于影视，而小于戏曲传统戏。当人物与演员的年龄相差过大的时候，其中的矛盾很难用表演完全弥补。像京剧现代戏《红灯记》李铁梅的扮演者刘长瑜，当年拍电影《红灯记》时，正值芳华妙龄，演出铁梅是何等的水灵喜人。及至 20 世纪 90 年代后，已成了“老铁梅”。观众就必然用另外的审美心理去看了。这就是年龄的原因在暗中起着腐蚀作用，尤其是年轻形象似乎每个演员都难以抵抗。

2. 郎咸芬在表演历程中始终追求着舞台表演的戏曲化。这种追求是正确的、是可贵的。戏曲化表演是将生活动作神情提升到戏曲韵味的层面上来，对现代戏来说，这是个难题，尤其对吕剧这个家底薄弱的剧种来说更是如此。这样似乎注定了勇敢的探索者在戏曲化的深入探索中要付出代价，郎咸芬晚年表演的李二嫂，其中有夸张失度之处，是她艺术探索中的必然代价，这一代价，无论对她个人来说，还是对吕剧表演来说，都是有价值的。况且在她戏曲化表演的探索中尚有许多成功。最典型的例子是第三场在哭诉中以手三擦桌边的动作。这个动作在电影中是没有。在电影《李二嫂改嫁》中，所有演员都是以最大限度接近生活为准则。在这个总的倾向中，郎咸芬的表演就已经表现出戏曲化的特点，只是非常淡化。生活化与戏曲化融合得虽然浅淡却比较自然。

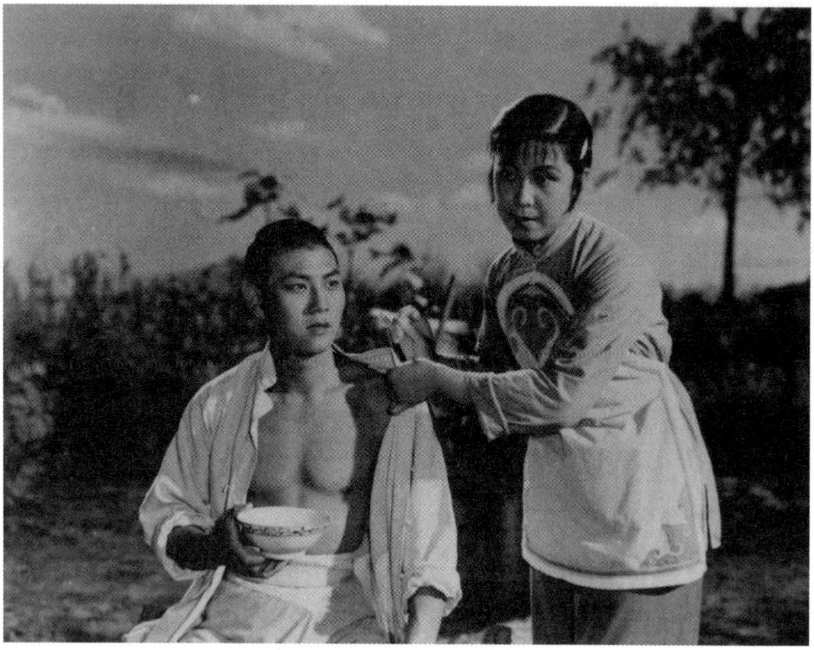

《李二嫂改嫁》剧照

第七章　多彩人物画廊

自 1953 年剧团正式挂牌成立至 1966 年“文革”前夕，十余年间，山东省吕剧团排演大、中、小各类不同题材、不同风格的剧目百余出，郎咸芬参演了其中十几个剧目，主要有：

传统戏:《王定保借当》饰王定保、《打金枝》饰皇后、《拉郎配》饰张彩凤、《穆桂英》饰穆桂英、《借亲》饰程孝全之母、《逼婚记》饰皇姨、《喝面叶》饰梅翠娥。

与吕剧表演艺术家李同庆主演《逼婚记》

现代戏:《李二嫂改嫁》饰李二嫂、《丹河曲》饰刘玉芳、《两个心眼》饰卞二嫂、《五月红》饰马志红、《朝阳沟》饰拴保娘、《丰收之后》饰赵五婶、《魏隆民》饰魏母、《关不住的小老虎》饰战士小王的母亲、《沂河两岸》饰梁向荣。

新编历史剧:《文成公主》饰文成公主、《蔡文姬》饰蔡文姬、《桃花扇》饰李香君。

一、传统戏的努力

20 世纪 50 年代中后期，舒同同志任山东省委书记。他是我国著名书法家，艺术上有很高的鉴赏力。山东吕剧破土出苗，茁壮成长，就在于有舒同书记这样一批领导人细心呵护、精心培育。

豫剧大师常香玉演出过《穆桂英大破洪州》，毛主席看戏之后很是称赞，在他的提议下，该剧进京演出，深受观众喜爱。京剧表演艺术家刘秀荣、张春孝夫妇主演该剧，并拍摄为戏曲艺术片，在国内外放映，也受到观众高度评价。吕剧《穆桂英》在综合了不同剧种、不同版本《破洪州》的基础上，根据本剧种的特点，加强了穆桂英、杨宗保的感情戏，弱化了武打部分。即便是这样，那为数不多的武打戏，仍然使郎咸芬等人付出了挥汗如雨、腰酸腿疼的代价。

1953 年剧团正式成立前后，演员们曾在京昆名家赵则农、田菊林等老师指导下，进行了一段基本功的强化训练，时间约半年左右。之后，剧团忙于排戏、演出基本功训练便维持在每天一两个小时的正常状态。很显然，这与其它剧种“八年科班”出来的演员在身段功夫的灵巧方面根本无法相比。且不说炽烈火爆的对打和让人眼花缭乱的舞刀弄枪，仅平平常常一个云手、一个亮相下，即可立见美丑高下。

为了排好《穆桂英》，提高演员基本功，拓展吕剧表现范围，郎咸芬下的功夫最大，流的汗水最多。原本就很少逛街购物的她，连买牙膏、买日用品也委托别人。

在此之前，剧团没有演过“扎靠”的戏，大衣箱里没有这些东西。为了便于演员训练，舞美队的师傅便利用制景剩余的厚帆布，缝制了一身穆桂英穿的“软靠”和四面“靠旗”，作为郎咸芬的练功服。时值大夏天，每日一早一晚两遍功，老师用筷子粗细的绳子把一身帆布制作的“大靠”紧紧勒在郎咸芬身上，头上扎起“金冠”，脑后两支“推尾翎”，背插四面“靠旗”，手舞“绣绒宝刀”。一身穿戴装扮，坐着不动也会“汗流如注”，何况还要在砖地上一圈一圈地“跑圆场”，一遍一遍地练习“大刀花”。老师提出要求：跑圆场时，四面“靠旗”要纹风不动，耍刀花时，刀花要舞得密不透风。

“那个时候练得太苦了。”郎咸芬叹道，“戏曲演员讲究练童子功，八九十来岁开始练，腰腿都软，下腰、劈叉、前桥、后桥、翻身、蹦子等技巧很快就可以掌握。我那个时候已经二十多岁了，虽说之前也练过，毕竟功底浅薄，猛地一下子扎靠、舞刀、开打，难度实在太大了。每天晚上回到宿舍更换衣服，同室的常兰同志见我背上扎靠勒起的痕迹受到汗水浸渍，留下一道道红红的印迹，深表同情。”

经过一段刻苦勤奋的苦练和紧锣密鼓的排演，吕剧《穆桂英》公演了。应该说，该剧的文戏部分很成功。作曲家张斌先生首创吕剧老旦佘太君的唱腔，高亢激越，大气磅礴，著名吕剧表演艺术家林建华富有激情的演唱，很有震撼力，听众为之耳目一新。

郎咸芬在穆桂英的塑造过程中，融进了现代戏《李二嫂改嫁》的创作方法，走进人物的内心世界，在对人物性格准确把握的基础上，她善于在矛盾冲突的重要关节处通过细腻委婉的演唱来揭示人物的复杂情感。比如《责保》一折：杨宗保年少气盛，违令出营，临阵对敌，大败而归。穆桂英一气她丈夫“少年将军自恃其勇，不遵将令贸然出兵”，打乱了整个的战略部署。二气丈夫妄自尊大，不把她这位元帅放在眼里，决定执行军法，杖责宗保，挫挫他的傲气。

但是当帐外传来“一十、二十、三十、四十”杖击之声时，她又心疼难忍，坐立不安，生动刻画出穆桂英恨夫又爱夫，不打不行，打则心疼的复杂心态。

出于拓展吕剧表现能力和演出题材的考虑，山东省吕剧团青年队也在同期排演了武戏《杨八姐盗刀》《挡马》等剧目，终因武打不精彩而放弃了。

迄今为止，山东省吕剧团乃至整个吕剧界，武戏甚微，始终没有发展起来。《穆桂英》《杨八姐盗刀》《打瓜招亲》的演出，作为曾经有过的努力，在吕剧发展史上留下一笔。

《穆桂英》这一页平平淡淡掀过去了，但排演的现代戏《朝阳沟》却取得了巨大的成功。

《穆桂英》剧照

二、现代戏的成功

《朝阳沟》是著名剧作家杨兰春先生的代表作。虽然他仅用了短短几天时间创作该剧，但那是他半辈子生活积累和艺术积累的大爆发。强烈的时代感，浓郁的生活味，鲜明的人物形象，巧妙的戏剧结构，引人发笑的喜剧风格，加之豫剧作曲家杨基笑先生创作的让人百听不厌、越听越入迷的优美唱腔，使它半个世纪久演不衰，历久弥新。

1958 年，山东省吕剧团在河南巡回公演，看了河南豫剧院三团的《朝阳沟》，当时就被吸引了。他们向豫剧院三团索来剧本，作曲家李渔先生连夜谱曲，写一段演员学一段，在不影响晚上演出的情况下，白天的全部时间都用来排戏。就这样，他们以“大跃进”的速度，7 天时间就完成了该剧排演，回到济南一经公演，立即引起轰动效应。

山东省吕剧团演现代戏有其独到的优势。传统戏演得少，反倒使他们很少受到程式化的束缚和困扰。现代戏有一种天然的认同感，文工团员的单纯和热情，使他们对贴近时代的戏演起来舒展自如，真情投入，毫无扭捏做作之态。

时年 25 岁的郎咸芬第一次扮演老年农妇拴保娘，她说：“我看过常香玉老师和高洁同志扮演的拴保娘，她两位的表演各有千秋，我从她们的表演中受到很大的启发，学习了不少东西。可是豫剧、吕剧毕竟不是同一剧种，两个剧种的表演风格也不尽相同。塑造人物还是要从自身条件出发。接到剧本之后，我的脑子里闪现出好几个我在农村体验生活时所认识的农村老太的形象，从拴保娘身上，我也看到了我母亲、我姥姥的影子。这些人物在我心里重新组合，再对照剧本对拴保娘的描写，我很快地就抓住了人物的基本性格特征。如果一定要找出我与常香玉老师、高洁同志对拴保娘的塑造有哪些不同之处，我想，在强调人物淳厚、善良的性格基础上，我更凸显了人物爽直、坦诚的一面。”

《朝阳沟》成了山东省吕剧团的保留剧目，也成了该团巡回演出的“打炮戏”。1960 年巡演东北三省，日夜两场犹不能满足观众需求，继 1956 年后，又在东三省掀起一股“吕剧热”。

根据上级领导指示，吕剧团改编移植同名话剧《丰收之后》，郎咸芬扮演剧中一号人物赵五婶。

话剧《丰收之后》是著名作家兰澄同志根据真人真事创作的，王玉梅演赵五婶演得非常出色。兰澄同志向郎咸芬介绍了生活中的人物原型——栖霞县某山村支部书记栾志香的事迹。遵循以往的经验，排演之前她来到栾志香所在的山村体验生活。相见之后，两个人便有种神交已久、一见如故的感觉。栾志香个头瘦小，人显得飒利、干练，走起路来脚底生风，说话做事不拖泥带水，一望而知是个精明强干的人物。郎咸芬事先已经熟悉了她的先进事迹，通过研读剧本，对赵五婶这个人物有了进一步的了解。栾志香多次看过电影《李二嫂改嫁》，早已在银幕上认识了郎咸芬。所以，初次见面，二人就已经可以无话不谈了。

人民公社时期的大队党支部书记，在粮食丰收后，如何摆正并处理好国家、集体、个人三者关系是一个无法回避的问题。改革开放后，形势发生了翻天覆地的变化，农民分田到户，土地承包几十年不变，几千年的农业税彻底废除，从制度上已经没有了“如何摆正三者关系”的思想和物质基础。但在20世纪60年代，这却是自上而下各级领导教育农民的中心话题。

因为戏的主题是正确处理国家、集体、个人三者关系，剧中便设置了代表不同利益的三个人物：赵五婶是以国家利益为重的；她的丈夫，大队长赵大川是代表集体利益的；村民王宝山是代表个人利益的。按照当时的思维模式，富裕中农挑拨，阶级敌人破坏也是必须要有的。尽管如此，这出戏之所以能在当时引起较大的反响，主要是写了赵五婶这样一个可信可亲的人物。

郎咸芬说：“由于我和栾志香之间有了这种熟悉感、亲近感，我们的心也相互贴近了。所以，对以她为原型而创造的赵五婶这个人物，我不仅很快就熟悉了、理解了，而且感觉到我和人物之间的距离没有了，思想感情融合在一起了。这使我的创作进入了一种心随意动、意随情转、自由自在的状态。大概这就是斯坦尼说的‘我就是’的境界吧。”

戏曲的优势就在于以唱抒情。该剧中赵五婶为孤寡老人做鞋并亲自为他穿在脚上，老人联想到多年来受到的关照，感叹难忘恩德。赵五婶这时有几句唱：

感什么情，报什么恩，
天下穷人心连心。
方方石刻下了你的手纹足印，
寸寸土洒下了你的汗迹血痕。
一生使尽浑身劲，
落得个白发满头病满身。
大叔啊，你虽无儿女，处处有亲人，
党和咱贫下中农心贴心。

唱词写得质朴感人，郎咸芬唱得情真意切。面对这位把一生汗水洒在家乡土地上的老人，她的敬佩、她的疼爱、她的关心都贯注在她那婉转深情的演唱中，打动了同台的演员，也打动了看戏的观众。另外，在“劝大川”“劝宝山”两段大唱中，均展示了她演唱艺术的魅力。可以说，继《李二嫂改嫁》后，《丰收之后》的赵五婶，是她塑造的又一个成功的舞台艺术形象。

赵五婶和赵大川是一对情投意合的老伴，却因为丰收之后如何处理国家、集体、个人三者关系引发了一场尖锐的矛盾。赵大川一叶障目，被坏分子乘虚而入，他固执地坚持自己的主张，并当众与赵五婶顶撞、冲突。

赵大川　（唱）你曾盼山区面貌要改变，
你曾想汽车吟吟来回窜。

工业产品往里运，
粮食山货一车一车送出山，
如今咱没有汽车就靠骡马嘛。

赵五婶　（唱）为生产确实该把牲口添，
供销社已到关外去运马。

赵大川　（唱）镜子里看花空眼馋。
就是运回骡和马，
咱挨不上号来沾不上边。
拿着余粮集上换，
不用给上级添麻烦。

赵五婶　（唱）余粮该向国家卖，
丰收哪里来，饮水要思源。
若不是工人同志日夜奋战，
哪来的机声隆隆响山间。
若不是解放军守卫在前线，
怎能够安居乐业种农田。
千溪万流归大海，
国家才是咱的铁靠山。

赵大川　（唱）好话说了大半天，
全当清风过耳边。
赵大川说话不算话，
今后工作怎么干，什么脸面站人前。
这个家我还得当它一半。

赵五婶　（唱）你用的什么人，走的什么路，
借的什么风，撑的什么船？
共产党员执行党的路线，
我定要把好社会主义关。

与吕剧表演艺术家杨瑞卿主演《丰收之后》

1964年排演现代戏《沂河两岸》，是毛泽东主席提出“农业学大寨”的号召后，在山东省委书记谭启龙同志直接指导下进行的，《沂河两岸》这个剧名都是谭书记定的。

剧中所反映的是发生在沂蒙山区的真实故事。蒙山深处有个东张屯大队，地处盐碱涝洼，种啥啥不长，十年九不收。复员军人李玉德决定因地制宜，改变数百年来的耕种习惯，把南方水稻引进到北方山区。在他的带领下，乡亲们历尽艰辛，终于创造奇迹，稻改成功，连年丰产，农民迎来了丰衣足食的好日子。

《沂河两岸》剧照

《沂河两岸》就是根据

东张屯大队李玉德同志的事迹创作的。按照当时流行的创作思路，这个戏被确定为描写“继续革命与固步自封”的矛盾。剧中人李永春（大队书记）提出的响亮口号就是：“敢想敢干敢闯，创造人间奇迹。”

这个戏的一号人物是支部书记李永春，二号人物是李永春的对立面、大队长张连太，郎咸芬扮演的是张连太的老伴，贫协主任梁向荣算是剧中的三号人物。这个人物在剧中的主要行动就是帮助李永春，做好大家的思想工作，推倒前进路上的拦路墙。

老实说，无论是矛盾冲突的尖锐性或人物形象塑造的丰满程度，梁向荣都无法与《丰收之后》里的赵五婶相比。但是，演戏就是这样，“只有小人物，没有小角色”。

郎咸芬说：“那年月，我们信奉‘人物有大小，角色无轻重’原则。我们有些演员哪怕演个群众，也不敷衍糊弄，山东省吕剧团的演职员都有种严肃认真的创作态度，这是非常可贵的。”

像剧中人梁向荣这一类朴实、善良的农村老太太，郎咸芬能够在很短的时间内就和角色建立起内心的沟通。舞台上的郎咸芬与梁向荣合二为一，举手投足、音容笑貌是梁向荣，又是郎咸芬。

该剧中，梁向荣有两场“重头戏”。一是剧中第三场，梁向荣在路边搭起草棚，盘灶烧水，让运石料修水渠的社员们在此落脚休息。几个小青年因为天天担石运料，脚上打泡，肩头红肿，牢骚不断。热情幽默的梁向荣配合支部书记李永春，为青年们讲规划、谈远景，鼓动小青年们重新焕发起劳动热情。

该剧排演过程中受到山东省委、省委宣传部、省文化局各级领导的支持，谭启龙书记的夫人、山东省委宣传部副部长严永洁几乎天天泡在排演场里，及时和大家研究解决排演中遇到的问题。山东省委宣传部部长王众音住院期间把剧本带在身边，直接参与剧本修改。省文化局副局长陈静之坐镇剧团，提供后勤保障，调动了省内几位顶尖作家共同参与该剧创作。

《沂河两岸》依然保持了吕剧平实、质朴的艺术风格，作曲家李渔谱写的主要唱段至今为人传唱。

该剧的绘景师把油画技法引进到舞台美术的创作中，在灯光配合下，画天幕上远方的稻田，舞台上的石块、树木都非常有立体感，让人有身临其境的感觉。在上海、北京演出期间，中央戏剧学院、上海戏剧学院都出现老师带领学生上台参观的情况。

该剧演出受到老一辈革命家的关注。朱德委员长两次观看，谭震林同志接见演员并给予鼓励，陶铸同志盛情邀请剧团赴广东、深圳演出。

《沂河两岸》剧照

“后来有机会又到广东演出，我很荣幸地受到了许世友司令员的接见。”郎咸芬说，“许司令说他很少看戏。战争期间，他任山东军区司令员，指挥过解放济南的战役。许司令说他对山东人民有感情，和山东人民亲，他身边的警卫员也大都是山东人。‘山东戏他们愿意看，我也愿意看。’许司令快人快语，让在场的人感到很亲切。”

三、历史剧的探索

1960 年秋，山东省吕剧团在济南交际处礼堂为郭沫若先生演出《借亲》。郭老为这个带有泥土芳香的地方剧种和它清新明快的艺术风格所打动，情不自禁，挥毫题诗：

为吕剧团演出（《借亲》）书赠：
东风送暖百花香，
开到芙蕖韵满塘。
一片清芬无限意，
大明湖畔柳丝长。

郭老题诗相赠，似乎意犹未尽。他对这个方兴未艾的剧种抱有很大的期望，主动提出来把他刚刚修改已毕的新编历史剧《蔡文姬》交给剧团，他相信改编为吕剧的《蔡文姬》一定会别具风韵。

《蔡文姬》剧照

改编这样一部当代名家的作品，对剧团来说是新课题。扮演三国时期的大诗人蔡文姬，对郎咸芬来说也是新课题。

进入正式的排练之前，吕剧团的主要演员们进京观摩了北京人民艺术剧院演出的话剧《蔡文姬》，刁光覃先生塑造的曹操，朱琳女士塑造的蔡文姬，给他们留下了深刻的印象。

这出戏是洋溢着作者郭沫若昂扬诗情的新编历史剧。这出戏，是展现着导演焦菊隐文思才情的新编历史剧。它气势恢宏，它大气磅礴。它截然不同于山东省吕剧团演过的、看过的任何一种新编历史剧。

吕剧团几乎是照搬了北京人民艺术剧院《蔡文姬》的路子排戏。然而，话剧是话剧，戏曲是戏曲，毕竟是不同的两种艺术形式。为了成功地演好吕剧版《蔡文姬》，郎咸芬及她的同事们付出了艰辛的努力。

为了让演员们对历史有个直观的认识，原山东省文化局副局长、彼时担任北京图书馆馆长的丁志刚先生，特邀山东省吕剧团的演职员们在京期间到北京图书馆，他提供相关的字画、文物、图书让大家参观，使郎咸芬等人受到很大教益。

《蔡文姬》剧照

1963 年主演《文成公主》对演过几个新编历史剧的郎咸芬来说，已经感觉不到太大的压力了。她说：“每个戏尽管时代不同、情节不同、人物的性格不同，各自的遭际不同，但艺术创作的规律是相同的。演历史人物不可能到现实生活中去找模特，但是喜怒哀乐的情感是古今相通的。演现代戏，我们从现实生活的体验中去寻找角色的踪迹，并由此打开通向角色内心世界的大门。演古装戏或新编历史剧，我们就从文献资料中了解人物、熟悉人物，甚至从程式动作的运用中去寻求揭示人物心灵的途径。我知道自己天赋不高，才能有限，可是笨人有笨办法。我对演过的戏，特别是被观众首肯的角色，经常回味思索。我把这种方法比喻为老牛‘反刍’，不断揣摸这一点为什么演得舒服，那一点为什么演得不好；这一段唱腔为什么观众喜欢，那一段演唱为什么效果较差。勤思、多想，不断总结，不断修正，不断创造，不断追求。自 1952 年年初入剧坛到‘文化大革命’的 1966 年，十余年间，我在艺术上有些进步，我这个老牛‘反刍’法，也许是成功的经验之一吧。”

第八章　遭难“文革”岁月

一、山雨欲来

1966年春，山东省吕剧团应邀赴广州，为“广交会”演出《三回船》等，其间又去深圳为港澳同胞演出。在深圳期间，《沂河两岸》剧团全体人员参观了所谓“反香风”（反香港风）展览，见识了“资本主义社会荒淫糜烂”的一面，又在罗湖桥头我方一侧，听边防部队首长介绍上演在罗湖桥头的一个个敌我双方生死搏斗的惊险故事，剧团人员听得热血贲张、心弦绷紧，深刻认识到阶级斗争果真是尖锐、复杂、激烈的。之后，剧团根据陶铸同志的指令，住进了著名的从化温泉。休养胜地，名不虚传。且不说那假山怪石、小桥亭阁、蓝天绿地、奇花异草，单只那小溪清水越院穿房从床下流过，溪水中游鱼浅翔，令人顿觉得生机满堂。在从化小憩数日，品尝粤菜名吃，优哉游哉，神仙一般。

即将回山东了，他们却在广州迎来了“文化大革命”的潮汛。剧团下榻的招待所的墙壁上、院落中贴满了批判《三家村》《海瑞罢官》的大字报。除点名批判邓拓、吴晗、廖沫沙之外，广州市文化局局长、广东省文化厅厅长的名字也在大字报上被打了叉。

剧团的演职员是经历过“反右派”“反右倾”等政治运动的，他们以为“文化大革命”不过与以往的运动一样，竟然幼稚地认为批判《三家村》《海瑞罢官》和自己不沾边儿，说不定回到山东以后，这阵风就过去了，顶多赶上个运动尾巴也就罢了。

刘团长雄心勃勃，同志们意气风发，摩拳擦掌，要去西北地区再创辉煌。不料一进剧院大门，兜头一瓢冷水浇下来：驻济的其他剧团已经扯旗造反了，没几天的工夫，白花花的大字报贴满了山东省吕剧团的院墙、屋门。“打倒吕剧界的土皇帝刘梅村”、“揪出三名三高修正主义反党分子郎咸芬”……刚刚演出归来的演职员们，立足未稳，思想上、心理上准备不足，一下子就蒙了，茫然不知所措。当然，用不了太长的时间，山东省吕剧团全体人员就被裹挟在这股汹涌翻卷的“革命”大潮中了。

二、遭受冲击

噩梦始于1966年9月下旬一个秋日午后。剧团在院内召开大会，郎咸芬正在发言之时，从大门外陆续冲进几支造反大军，有文艺界的，有大学生、中学生，还有某某粮食局的造反派。他们冲进会场，扯过郎咸芬，让她蹲在院内一个角落里，开始批判她“反党、反毛主席、反社会主义，反……”的滔天罪行。万幸的是，那个时候还没有发展到后来的“武力批判”，还执行着“要文斗，不要武斗”的最高指示。在众人的讽刺、嘲笑、挖苦、谩骂中，蹲在院中那个角落里，郎咸芬从下午两点多一直熬到傍晚七八点钟。这天夜里起了风、秋风刺骨，也刺进郎咸芬的心里。

郎咸芬钻了牛角尖：“没有共产党，没有毛主席，就没有我郎咸芬的一切。我热爱党，热爱毛主席，我从没有反过党，我是共产党培养起来的，我怎么会反党、反毛主席呢……”

随着运动深入，批判开始升级。远在上海的戏剧界造反派来山东批斗“三名三高尖子人物”，来到山东省吕剧团，他们声言要将郎咸芬带到上海批斗。当时的剧团“革委会”成员杨运川先生严词拒绝了他们的无理要求：“除了执行修正主义文艺黑线，我们没有发现郎咸芬存在其他问题，对于她的批判，我们自己可以做得很好，无须借助你们的力量。”政治环境越来越严酷，承受着巨大压力的郎咸芬越来越紧张，精神开始出现异常，她怎么也想不通为什么给她扣上反党、反毛主席的大帽子。她对着毛主席的画像鞠躬，口中念叨：“毛主席呀，我热爱您老人家，没有您老人家，就没有我郎咸芬的一切，我不反您，不反党……”如此反反复复，絮絮叨叨，时说时停。

她丈夫杨瑞卿说：“有一天我回屋推不开门，想到咸芬的近况，心里着急，撞开屋门后，发现她拿起绳子要上吊，我赶忙过去扯下绳子推开她，情急之下，我抡起绳子狠狠地抽她几下，边打边嚷：‘你想干什么呀！’两口子抱在一起，放声大哭……”

这一脚成了击垮郎咸芬的“最后一根稻草”，她的精神完全失常了。当天下午，杨瑞卿找来一辆三轮车，请本剧团的常兰女士坐在车上揽住神志昏迷的郎咸芬，行程十几里，把郎咸芬送进精神病院。老杨说：“时至今日，我们俩还非常感谢常兰同志，当时谁敢帮你？弄不好就会引火烧身。”在精神病院里，他们见到了早已被送进来住院的作曲家张斌，山东梆子著名演员刘玉花，还有同属文学艺术界的其他几位熟人……

大夫根据郎咸芬的病情，采取打胰岛素让她昏睡不醒的休克疗法。一天一针，打到12天时，郎咸芬口吐白沫，连自己的丈夫老杨也不认识了。

造反派到精神病院探视，并向大夫咨询是不是“装出来的”，得到否定的答案后，造反派悻悻而去，于是她躲过了“挂牌子游街”的惩罚。

“牛鬼蛇神挂牌子游街”是“文化大革命”中风行一时的现象。郎咸芬因病住院，由她丈夫杨瑞卿挂着一块画有她图像的大牌子游街，这在当时也算是很有创意的。

郎咸芬出院后，被允许参加一般性劳动。冬天到了，派她和另外两个“走资派”从纬三路到十二马路，用地排车拉煤。一天两趟，往返十几里，历时近十天。杨瑞卿先生说："那些天没人监督，没有人训斥，是郎咸芬他们三个人精神上最轻松的日子。"

三、恢复排戏

"抓革命，促生产"。山东省吕剧团移植的"样板戏"《红灯记》是全国各剧团在运动中共同的任务。

杨瑞卿说："郎咸芬先是抬道具、搬布景。后来因为演员紧缺，让她扮演剧中的田大婶。"

这个角色有四句唱，不到五分钟，可是她一出场还是立刻就被观众认出来了，由此引起的剧场内嗡嗡的议论声盖过了台上演员的道白。剧团掌权者担心因她一人而影响全剧演出效果，便派她去打"字幕"去了。

1967 年在青岛演出《红灯记》，原志愿军司令员杨勇、杨得志也在青岛，听说省吕剧团在青岛演出，约郎咸芬见见面。当时的剧团领导说："群众不同意她参加社会活动。"杨勇司令员说："你们剧团有多少人？不超过百余人。全省全国有多少人同意她出来活动？"由于首长的干预和全国形势相对稳定，郎咸芬逐渐恢复了舞台演出。

相比严凤英、小白玉霜及众多在"文化大革命"中受迫害致死的艺术家，郎咸芬是幸运的。她不仅保住了生命，还演出了如下剧目:《红灯记》饰田大婶、《驰马镇》饰老贫农、《参军》饰沈秀芹、《半边天》饰常金凤,《杜鹃山》饰柯湘。除《红灯记》《杜鹃山》,其余剧目基本都是些"帮气"十足的活报剧。

1975 年 1 月，第四届全国人民代表大会在京召开，郎咸芬曾连续当选为第二、三届人大代表，虽然这一届她仍是候选人之一，但作为"文化大革命"中受批判的"三名三高"人物是否有资格当选，在文艺界引起很大争议。最终，郎咸芬以票数过半而当选，参加了这届特殊时期召开的大会。

有一天开会休息时，她又遇到李先念同志。李先念问她：“小郎，怎么这么久没到北京来演出啦？”她回答说：“俺没有好戏。”李先念鼓励她说：“排个样板戏到北京来演。”

会议结束到济南，她向剧团领导汇报了首长的指示。经慎重研究，根据本剧团演员条件，决定排演难度相对较大的《杜鹃山》，用样板戏促练功、促练唱、促艺术水平的全面提高。包括郎咸芬在内，精选 8 位女演员同时排练，“八大柯湘”相互竞争，谁好谁上。用现在的眼光看，当时就有了“竞争上岗”的意识，也算是很超前了。

“八大柯湘”人人奋勇、个个争先，都做了很大努力。遗憾的是，戏曲演员的真功夫不是一蹴而就练成的，单凭一腔政治热情的突击苦练解决不了基本功缺失的根本问题。由郎咸芬担纲主演的《杜鹃山》正式演出了，向省、市、军区的领导们汇报之后，还到徐州慰问过解放军，以后也就搁置起来了。

如同当年演出《穆桂英》一样，《杜鹃山》的排练，至少是起到了促进基本功训练的目的。相对于“文化大革命”中司空见惯的“停工停产闹革命”的普遍现象，可以说，剧团排演该剧，受益良多。

经过几多风风雨雨，10 年的“文化大革命”终于结束了。它留给郎咸芬的后遗症是每天借助七八片安眠药才能睡上几小时，直至现在。

第九章　院团领头人

一、优秀的管理者

郎咸芬是名家、名人、名演员。除“人大代表”外，未担任过行政职务。20 世纪 80 年代初，对她来说，这种相对轻松的日子结束了。1982 年，上级任命她担任副团长，1983 年改任正团长，1990 年改团建院任院长。

俗话说：安居乐业。郎咸芬当团长面临的第一件事，是尽快为剧团安个家。

由于年代过久，山东省吕剧团使用的楼房成了危楼，“文革”期间，剧团借住到一个临时解体的单位，后来，该单位恢复，催促剧团搬离。搬到哪里去呢？郎咸芬决心彻底改变这种漂泊借住、居无定所的日子，为剧团建一处永久的、漂亮的家。

地处济南市区东部的某村，因城市扩建需要，土地划归城建部门。其中近二十亩的土地成了包括山东省吕剧团在内的几家省级部门争抢的“香饽饽”。郎咸芬马不停蹄，使尽浑身解数，找到有关领导部门：“部队有营房，工厂有车间，学校有教室，机关有办公楼，我们剧团最起码应该有个练功、排戏的地方吧？山东省吕剧团在国内也算小有影响，总该有个窝吧？自 1953 年剧团正式成立至今，搬家数次，三十余年了，该有个相对安定的立足之地吧？……”这些理由，条条都引起领导的同情，但是，紧盯住这块地皮不放的还有几家单位。把这块地皮拨给谁？也真让有关领导费了一番心思，受了一些难为。最终，考虑到郎咸芬的几条理由实实在在，相比其他几个单位，还是山东省吕剧团最急需，于是领导一锤定音，拨款数百万，在这块地皮上建起了吕剧团的“家”：一座设施先进、功能齐全、可容纳观众千余人的剧场；一栋有三处排练场、一大间录音棚和科室完善的5层办公楼，车库、仓库、锅炉房、伙房相继盖好，又建了包括单身宿舍在内的三栋宿舍楼，基本满足了剧团职工住房需求。这一组面积近12000平方米的建筑拔地而起，其规模及完善程度，在省内剧团首屈一指，放眼国内，也不失为一流。当剧团同仁欢欣庆贺新团址之时，在第六届全国人大代表的差额选举中，曾在一至五届连续当选的郎咸芬却因地皮问题以两三票之差落选了。面对前来安慰她的好心人，郎咸芬说：“虽有委屈却并不懊悔。”几年后，七届全国人大召开，她重新当选。

她曾经找到省军区首长，把剧团两位同志有文艺特长的子女送到部队文艺宣传队；请济南军区首长帮忙把剧团三位同志艺术院校毕业的子女安排进济军前卫文工团；她自己的女儿因三分之差未能进入大学本科，她不好意思托人情，走后门，让孩子读了大专，但为了剧团某同志因同样差几分不能进入大学本科的子女，她却找了教委找学校，终于使该同志的孩子如愿以偿地走进自己心仪的大学；为了剧团内几位同志的家属调动、户口调动、工作安排，她真可以说是“跑断了腿，磨破了嘴”；甚至为了剧团同志上小学的孩子“就近读书”而必须交纳“赞助费”这类繁琐的事情，她也是东家找、西家求，帮助协调解决；至于剧团同志生病住院，因为体谅到病人希望“名医好药、为己治疗”的心情，她也是不厌其烦，亲自跑到医院找院长、求名医；有老同志去世以后，郎咸芬对他们的遗孀、遗孤也是极尽关心，送钱送物。为了给单位配备锅炉烧暖气，她几次找有关部门协商，自费提烟带酒，感动了有关部门的领导：“郎咸芬不是送礼行贿之人，她是为剧团全体同志的利益，烟酒退回，事情照办。”就这样，山东省吕剧团又成了省直剧院团内首批建起暖气锅炉房的单位之一。

假如把受过郎咸芬帮助的人列一个名单，那将是长长的一串。对此，她这样说："我社会活动多，接触面广，认识的人多，能给大家帮上忙的事情，我愿意尽力去做。这也是为了给大家解除后顾之忧，安心工作，把吕剧事业搞得更好。"她说得轻松，可身受其惠的恐怕人人心里都清楚，郎咸芬为了这些事，又操了多少心，费了多少力。

1997 年，吴官正同志任山东省委书记期间，很重视文艺工作。他约谈郎咸芬了解文艺界的情况。郎咸芬向吴书记谈到当时剧院团的工资，百分之六十由省财政拨款，其余部分则由剧院自己靠演出收入补齐。这在"欣赏多元化，剧场卖票难"的情况下，难度实在太大。另外，剧院排新戏需要投资，这部分款项难以筹措，往往影响到新剧目的产生。吴书记了解到这些情况后，经与有关部门协商研究，采取了两项举措：一、由郎咸芬起草报告，省直各院团负责人联合签名，提请省财政全额拨发省直六院团人员工资，这一条很快兑现了；二、选择省内几家效益好的大企业与省直剧院团搞"文企联姻"，企业每年赞助联姻单位一百万元，与之联姻的文艺单位则参与企业的文化建设并定期到该企业演出。山东省吕剧团的联姻单位——莱芜钢铁厂连续 5 年共 500 万元的资金赞助，对剧院在此期间推出获国家级大奖的剧目《苦菜花》《补天》，提供了非常重要的资金保证。

之后，吴书记来剧场观看新剧目彩排时，又特批 300 万，更新剧场内已显见陈旧的多种设施。

郎咸芬知道，一院之长仅仅关心群众生活，注重硬件建设是远远不够的，剧院的重要使命在于"出人出戏"。自 1983 年她正式担任团长到 2002 年退居二线期间，剧院排演各类题材的大小剧目共计 44 出。其中由青年优秀演员主演的《画龙点睛》《石龙湾》《军嫂》曾先后进京演出，受到好评。在《石龙湾》《军嫂》的排练中，她几乎是天天泡在排练场上，和导演一起帮助在剧中担任主要角色的高静、李萍分析人物。对高静，更是一招一式地帮她设计动作，一腔一句教她唱人唱情，这使得高静受益匪浅，因主演《石龙湾》而连续获得“梅花奖”“白玉兰奖”“文华表演奖”等荣誉。

在任期内，她主持招收了演员、乐队数十名学员。对这批学期4年的年轻人，她采取业务上严要求、生活上严管理、思想上勤教育的方针，如今看来，收效颇佳，这批青年人已走上舞台，挑起了演出重担。

二、勤奋的艺术家

“文革”结束后，文艺界积压多年的能量如火山喷发，城乡剧场又聚满了看戏的观众。山东省吕剧团把好戏搬出来轮换演出，《李二嫂改嫁》自然是不二首选。不过这时参加演出的人员已是清一色新面孔了。在郎咸芬等老一代演员的培养、辅导下，朝气蓬勃的新一茬青年演员已经脱颖而出，能够顶梁扛柱，担任主演了。他们进城下乡，所到之处很受欢迎。

郎咸芬喜欢站在舞台上进入角色的感觉，喜欢剧场里千百人鸦雀无声注目舞台所形成的气场和氛围。巡回演出每到一处，应观众要求，首场“改嫁”必是由她主演。与此同时，她在苦苦寻觅新剧本。1978年，上海工人文化宫演出的话剧《于无声处》轰动全国，省吕剧团的演员李庆友很快将之改编为吕剧，郎咸芬扮演剧中主要角色欧阳的母亲。这个戏以昂扬的激情、诗一般的笔触，揭示了在“四人帮”高压下“万马齐喑”的政治气氛中，人民的愤怒如地火奔涌，终于在天安门前纪念周恩来总理的活动中山呼海啸般喷发出来。度过10年动乱黑暗岁月的郎咸芬和全国人民的脉搏同频跳动，演员在台上演得激昂慷慨，观众在台下看得热血沸腾，台上台下情感互动，交融一处。在那种特殊的政治背景下，这恐怕是全国各剧团演出同一剧目时的共同感受。

1979年的《亲事》，是剧团在“文革”后创作的第一部现代戏。郎咸芬扮演剧中被换亲的女儿——大云。这是个二十多岁的大姑娘，和李二嫂迥然不同的女性。她们生活的年代不一样，所处的环境不一样，面对的人物关系不一样，遇到的问题不一样，但是，在自己的终身大事上不能自主却是一样的。中华人民共和国成立近30年，农村青年妇女的婚姻却像以前一样的无奈，一样的痛苦，一样的悲凄，这不得不令人深思。现在回过头来看，如果说《亲事》的演出是在揭露和控诉买卖婚姻摧残人性的残酷，倒不如说是在呼唤改革开放的尽快到来，尽管当时人们并没有明确地认识到这一点。几番修改剧本，但终因涉及买卖婚姻这个无法回避的情节，有“暴露阴暗面”之嫌而作罢。

与吕剧表演艺术家林建华、李岱江等主演的《亲事》剧照

1982年移植淮剧《母与子》，为郎咸芬提供了一个充分释放表演激情的机会。她的阅历、她的性格、她的善良、她的为人处世的态度，使她在排练场上很快就找到了“我就是桂珍”的感觉。

《母与子》剧照

该剧演出之后，《大众日报》邀请妇联、公安、工厂、街道、学校不同岗位的观众召开座谈会。大家认为：“郎咸芬团长带着感情演，含着热泪唱，完全进入角色，演得真切、生动、感人。”

参加座谈会的人士指出：

《母与子》在大众剧场和山东剧院相继演出15场，每场演出，不少人都是怀着疑虑入场，心满意足地离去。参加座谈会的一位青年同志说：我平时不爱看戏，可没想到这次一进剧场，心一下子就被《母与子》抓住了，几乎忘了台上是在演戏，眼泪不由自主地流下来！

“《母与子》这出戏内容健康，艺术性强，具有深刻的现实意义和教育作用。全剧剧情紧凑，形象感人，语言朴实，剧中五六个主要人物，个个性格鲜明，从开幕到闭幕，场场有悬念，场场有撼人心处。主人公桂珍是所有父母的一面镜子，是大家学习的榜样。她有一颗慈母心，从她身上体现了老一代对下一代健康成长的高度负责精神，体现了中国劳动人民传统的美德，也体现着社会主义时代新中国妇女的水晶般的心灵。”

《母与子》反映了一个为全社会普遍关心的问题，这就是对青少年的培养教育问题。这个问题，既关系到党和国家的前途命运，又涉及千家万户的切身利益，把这样一个具有普遍社会意义和深刻现实意义的戏搬上舞台，自然能吸引观众。

该戏很快由山东电视台拍摄为戏曲艺术片，在省内外播映，对促进精神文明建设起到很好的作用，使观众对经过“十年动乱”之后的山东省吕剧团也有了进一步的了解。

1983 年，电影《喜盈门》的作者辛显令为郎咸芬量身定制了新戏《豆腐西施》。

《豆腐西施》剧照

该剧写一位农村的年轻寡妇，在改革开放政策的鼓励下，用家传做豆腐的技艺，开创了一条致富之路。一个别有用心的男人爱其色、恋其财，使尽威逼引诱种种手段，而这位年轻农妇识破其用心，摆脱其纠缠，并最终寻找到了自己的幸福。

这个戏由于某种原因最终没有排成，郎咸芬的收获是在为排该剧深入农村、走进农家、体验生活过程中，又结识了不少农民新朋友，见识了农村改革开放后的新事物、新变化，为她下乡体验生活的不同历史阶段填补了空白。

1984 年移植《梨花狱》，郎咸芬扮演“改唐为周”自称圣神皇帝的武则天。该剧写她上承贞观，下启开元，改革科举制度，提拔重用新人，奖励农桑，促进经济发展的同时，为巩固自己的统治地位，设“龙巨”鼓励告密，任酷吏，用酷刑，兴大狱，诛大臣的一段历史。她把这个自己也难评功过，死后立“无字碑”，任后人评说的女皇知过改过，当场写下“诬告者必反坐”六个大字的非凡气度表现得很有气势。

为了在舞台上塑造好这位“史上第一女皇”的艺术形象，郎咸芬在演唱方面下了较大的工夫。她一改往日重质朴、多婉转、音含蓄的风格，尝试着在武则天的演唱中注重声宏气壮、稳健沉着、柔中有刚、含威不露的特点。在表演中，她彰显人物刚愎自用、独断专行、唯我独尊的性格，又始终不忘她毕竟是个女人，刚烈威严的冷面孔下隐藏着温情柔肠。在得知忠臣李安静受诬被斩之后，她悔愧不已，沉痛自责，由于偏听偏信而自伤股肱。这段唱腔跌宕起伏、酣畅淋漓。

《梨花狱》

应该说在这出戏里，郎咸芬扮演的武则天是比较成功的，业内专家也有人称赞她“有风度、有气魄”。可是，郎咸芬自己对这一角色的塑造却并不认可。她说:“武则天在历史上是个有争议的人物。我对唐史所知不多，也没有读过多少研究武则天的文章，所以塑造这样的人物心里没底，充其量在舞台上端端架子、装装样子而已。当然，具体到戏里的某个情节，判断是非对错，表达喜怒哀乐，按照一个女人的心思来揣度武则天彼时的心态，大体上也不会太出格。但这终究不是从武则天这个特定的人物出发而做出的相应动作，总是有‘做戏’之感。所以，尽管也得到观众的肯定和认同，我还是觉得自己武则天的塑造差距很大，一句话——不成功。”

在如此繁重的工作压力下，郎咸芬没有放弃作为艺术家的职责。她先后主演了《梨花狱》《山高水长》《苦菜花》等几出大戏。特别是《苦菜花》中她所塑造的“母亲”形象，在观众中反响颇佳，更是达到她晚年艺术创作的高峰，继《李二嫂改嫁》之后，成了她的新一部代表作。

2002 年，一些老人的常见病也开始在她身上出现。另外，老伴、女儿、外孙也希望她更多地关注自己的亲人，多一些和家人团聚的时间。考虑再三，她终于向山东省文化厅、省委宣传部和分管文化工作的山东省委、省府的领导同志提出辞呈。经研究，上级部门同意她辞去剧院领导职务的请求，但仍冠以名誉院长、艺术总监的称谓，协助继任院长做一些力所能及的事情。

郎咸芬不是个能够闲下来的人。名义上退居二线，排演新戏她要去看，学员班上她去讲课。她始终牵挂着剧院，用她的话说：“只要是对吕剧发展有益的事情，能做多少做多少，能干多久干多久。”

第十章 《苦菜花》再回巅峰

一、勇面挑战

1997年，为纪念毛泽东《在延安文艺座谈会上的讲话》发表55周年，山东省吕剧院根据作家冯德英的长篇小说，创作、排演了同名吕剧《苦菜花》。时年62岁的郎咸芬担纲主演剧中一号人物——母亲。敢于接受这个任务，花甲之后再创辉煌，这充分表现了一位成熟的艺术家的自信与胆识，因为她首先要面对两个挑战：

一是挑战八一电影制片厂拍摄的同名电影。这是一部成功的作品。电影以它特有的优势，展现了抗战时期胶东人民同仇敌忾、奋起斗争的宏观场面，细致地刻画了处在这场斗争漩涡中心的几个主要人物的心理活动。山东籍电影明星曲云女士的表演给人印象甚佳，她塑造的母亲这一人物形象很朴实、很自然、很生活化。面对日寇带血的刺刀，老人家坦荡无畏，大义凛然，眼喷怒火，把一位革命母亲临危不惧的精神状态刻画得入木三分。

二是挑战自己。郎咸芬在不同时期、不同题材的现代戏中，塑造过背景不同、经历不同、性格不同的多个中老年妇女的艺术形象。如《朝阳沟》中的拴保娘、《丰收之后》中的赵五婶、《沂河两岸》中的梁向荣、《于无声处》中的欧阳母亲、《母与子》中的桂珍、《山高水长》中的薛逢春，等等。以上这些角色在郎咸芬的艺术生涯中，都是熠熠闪光的形象。

她在《山高水长》一剧中塑造了薛逢春这一人物，和《苦菜花》

中的母亲相比较，她们同处于抗日战争大背景之下，她们都是生活在最底层的农村妇女，都是面对日寇侵略最具反抗精神和牺牲精神的老人，她们都经历了在残酷的抗日战争中失去亲人的痛苦，她们都是历尽艰辛、不屈不挠的英雄母亲。如何在这过多的相同之中找到《苦菜花》中母亲这一特定人物所特有的气质，特有的风范，特有的品格，特有的个性，做到艺术上有所突破，有所发现，有所提高，是摆在郎咸芬面前无法回避的问题。

自从《李二嫂改嫁》开始，她就尝到了深入生活的甜头。在她从艺50年间，每排现代戏，拿到新剧本，她做的第一件事情就是深入生活。

在小说作者冯德英先生的陪同下，郎咸芬在胶东见到了冯德英的姐姐冯德清，小说《苦菜花》中的娟子，就是以她为原型创作的。老人此时已年近八十，但精神矍铄，思路清晰。郎咸芬仿佛在她身上看到了“母亲”的风采。听着老姐弟两个谈起往日的情景，联系到她已经熟读多次的《苦菜花》小说，当年那腥风血雨的斗争场面在她头脑里渐渐地具象化了。

《苦菜花》剧照

郎咸芬把这种亲身的体验升华为意味深长的一句话：“一个文艺工作者，心中应当有血、有火、有历史！”中华人民共和国是在血与火中锻造的，而历史更具有沉重的含义：展现过去的斗争，为着理解今天的生活，一个演员就应具有以形象传播历史的使命感，并进而以历史的视角把握角色。唯其深入地理解，她才能塑造出抗日年代特有的母亲形象，她的从生活出发的创作态度，仍是一个有素养的表演艺术家所应具备的，这也是为什么郎咸芬所塑造的母亲形象让人感觉深沉厚重的原因。

“母亲”那坚毅的神色、痛苦的表情、走路的步态，在她心里活起来、动起来了。她感觉自己找到了“母亲”这个人物所特有的亲切质朴、胸襟宽广、爱憎分明、坚强刚毅的性格内涵。

二、完美演绎

郎咸芬凭借60年生活阅历和半个世纪舞台经验的积累，倾全力投入到《苦菜花》的创作中。如同当年排演《山高水长》一样，她找出一套有时代特点的农村大娘的衣服穿在身上，从家里到排演场，她尝试着由外形而内逐渐寻找“母亲”的感觉。

郎咸芬在塑造形象时首先注重了人物的基调，母亲被表现为以静制动、沉着镇定，静极复动、气贯长虹。具体的展现是从与母亲演对手戏的几组人物身上，细致而有区别地反映出来，化作了情感、态度和策略。如与女儿的亲情，是基于她对女儿喜忧、悲痛的深深理解，无需多的动作揭示，只在静静地含情脉脉之中。对待星梅这位八路军的特派员，她完成了从同志之敬到婆媳之爱的情感转变，难得的是，当她与星梅同处在丧失亲人德刚的苦境中，她以异常的冷静包藏着一颗忍受苦难的心去安慰星梅，对星梅说：“想哭就哭吧，别憋坏了身子！”说罢急捂自己的口，以简洁的动作表现了质朴善良的母亲的内心痛楚。而在对待王柬之与日伪一伙敌人时，她静极复动，不仅有怒斥，而且亲手枪杀之。郎咸芬把人物的静与动都建立在不同人物的关系上，使得表演适度。注重人物基调是郎咸芬表演所一贯倚重的，记得在《李二嫂改嫁》的表演中，对与张小六爱情的把握上，处理成矜持中表现出大胆，在无可奈何中表现出感情的奔放，恰到好处，这在

《苦菜花》剧照

戏谚中被称为“台上的火候”的这个“度”，是青年演员要特别效法的。

戏曲表演重做工（表情、身段动作），这是戏剧即动作的本质所决定的，但戏曲表演中的唱却也是重要的表现手段，郎咸芬在唱腔上的功力有口皆碑，她的唱为塑造人物而服务。不同的人物有不同的演唱风格，如比较《苦菜花》中母亲的唱和《李二嫂改嫁》中李二嫂的唱，李二嫂的演唱柔丽朴素，轻松婉转，如说似唱，好像用口语向听者娓娓地述说，唱中强调了吕剧的说唱性特色。在《苦菜花》中母亲的唱，也有流畅的段子，如第三场母亲所唱：“大树护藤藤绕树，高山流水水养山”两句唱腔中，她略加几个装饰音，为朴拙的演唱涂抹上几笔亮丽的色彩。郎咸芬的演唱不急不缓，平稳中透着厚重，低吟处饱含深情。《苦菜花》第三场开始，有一段母亲为八路军女特派员赵星梅缝制新衣的唱段，“棉油灯结花挑几遍”。这段唱腔，作曲家栾胜利写得平实、舒缓，山村静夜，灯下缝衣，母亲对赵星梅既有着老人对儿女的慈爱，又有着老百姓对八路军的景仰，绵绵长线如不尽的红丝把二人的心缠在一起。这段唱腔旋律描绘出一幅生动的“慈母手中线，游子身上衣”的意境。当母亲面对敌人以及他们所制造的苦难，悲愤之情需要她的唱声悲腔满，比如第五场中“泪双流说不清是恨是悲”的“悲”字，经过力度、色调等技术处理，显示了悲凉、刚毅、坚韧、浑厚的风格。而这就不是吕剧原有的唱腔可承载的了，听得出她是在向兄弟剧种如梆子、评剧等借鉴吸纳，融会贯通，博采众长而形成了吕剧唱腔艺术上的丰富性、包容性和富有新意，这不能不视作郎咸芬本人和吕剧的一次新的超越。

对于郎咸芬在《苦菜花》一剧中的表演，老一辈戏剧家郭汉城、谭志湘先生有精彩的评论，转述如下：

昔日的李二嫂，今日的母亲

——吕剧《苦菜花》观后

20世纪50年代，一出《李二嫂改嫁》享誉大江南北，郎咸芬的名字随之为众人所知。四十多年过去了，昔日年轻的李二嫂已是年过花甲，最近在《苦菜花》中她又塑造了一位革命母亲形象，艺术达到又一新境界。

根据冯德英同名小说改编的吕剧，撷取小说部分情节，以母亲与群众共同护卫兵工厂为主线，描写昆嵛山区人民在抗日战争中前仆后继、送子参军的故事。郎咸芬饰演的母亲就是抗日民众中的一位代表。

郎咸芬表演最大的特色就在于生活化。她塑造了一位英雄的母亲，但在表演上绝没有故作英雄态，而是于平凡平易之中显其伟大。郎咸芬的表演常常使人联想到农村中那些没什么文化，但明事理、慈祥善良、被乡亲们敬重的老妈妈。人物的美是由表及里的，更重要的是她揭示出人物心灵之美。她有一颗母亲之心，爱自己的儿女，更爱革命和革命同志。

大幕拉开，身着孝服的母亲坐在织机前，一梭一梭地织着农家土布，大儿子为替父报仇，杀了日本鬼子，逃回家中。母亲闻言先是一惊、继而取包袱，又从腕上脱下手镯，嘱儿逃命。这一切，她做得那么自然，那么生活，没有瞪大眼睛，双手如抖，惊恐后复归于平静等夸张的大幅度表演，但观众却感到了母亲的心理变化，同时也感受到她遇事不慌不乱非同一般的另一性格侧面。

如果说前一段戏主要是用细腻的表演完成人物心理外化，难度较大，那么尾声部分送小儿子参军的戏就更加难演了。母亲依然是坐在织机旁，依然是一梭一梭地织布，依然是与沉重的织机声相伴，依然是送包袱……

戏剧最怕场景与动作的重复，而郎咸芬的表演抓人、让人动情。于重复之中有变化，于重复之中使戏剧深化。在这里她牢牢地抓住极为简单的几句台词："娘送走了你哥，送走了你星梅姐，又送走了你曼子妹妹，今儿个，娘想讨个吉利，不送你了。"演员控制着情感和声音，台词念得很轻，声音很低，但却字字清晰入耳，仿佛是从心底流淌出来的语言，极具感染力。痛苦与坚强，感情与坚定相交融，最终给人以坚毅之感。再加之沉重的织机声，仿佛让人听到了母亲那颗怦然跳动的心，使人物于貌似平常之中显其崇高，这种"送子参军"的场面是独特的，也是极具个性的。戏剧也因之转向深沉，耐人品味。

郎咸芬的唱是很具艺术感染力的，当年李二嫂的唱以甘美清醇、轻柔含蓄见长，老实说郎咸芬现在的声音已非昔日可比，但却更为感人，原因就在于她更注重以唱塑造人物，揭示人物的内心。

她基本上利用中音区，以结实厚重的唱抒情，表现人物痛惜、怜爱、悲愤等难于尽说的复杂感情，达到了情胜于声、声因情而美的境地。

郎咸芬塑造的母亲真实、生动、感人，她是大山中的苦苦菜，是冰冻雪压石头埋、含泪开出的苦菜花。她所获得的成功，究其原因不是几句话可以说清楚的，但有一条值得重视的，这就是为塑造母亲形象，她到昆嵛山区寻找"母亲"，和老区人民生活在一起，用她的话说："如果没有革命老区的那段生活，我演戏心里就不踏实，是老区人民教我这样演母亲的。"

（《人民日报》，1997 年 12 月 20 日）

在众多评论文章中，郎咸芬平易、朴实、自然、亲切的表演所形成的独特魅力，深为专家、观众所称道。在《苦菜花》一剧中，她注重把握人物基调，以静制动、沉着镇定，静极复动、气贯长虹。她细致入微而又鲜明区分对不同人物的情感和态度，她把人物的静与动建立在不同人物的关系上，不张不弛，不过不欠，表演适度。

她的演出是为塑造人物服务的，不限于简单的华美而追求情的深透，抓住人物情感，情感赋予唱腔以生命，才使她的演唱具有了震撼人心的力度。

郎咸芬花甲之后，成功塑造的“母亲”的形象，达到她艺术生涯中的又一个高峰。她因此荣获我国戏剧艺术的政府最高奖——中华人民共和国文化部颁发的“第八届文华奖”之“文华表演奖”，并名列获奖人员之榜首。1999 年 8 月，她又因此而荣获“中国第六届戏剧节”颁发的“优秀表演奖”。《苦菜花》一剧荣获专业艺术的政府最高奖——文华大奖。郎咸芬本人因在该剧中的突出贡献，被山东省人民政府记二等功一次。2009 年，《苦菜花》从全国一千两百余部各类艺术作品中脱颖而出，荣获“中国舞台艺术优秀保留剧目大奖”。

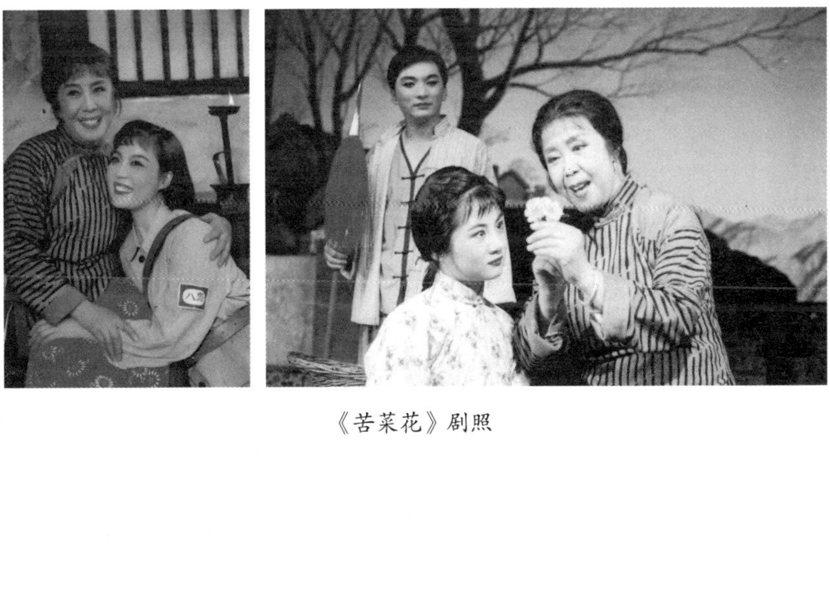

《苦菜花》剧照

第十一章　从舞台到影视

一、戏曲电影《李二嫂改嫁》

《李二嫂改嫁》经过山东、上海、北京、东三省一系列巡演之后，群众的热烈欢迎证明其的确是一出深受广大观众喜爱的好戏。为了满足更多人的欣赏需求，省里决定将其拍摄成戏曲艺术片推向全国。

为了戏曲电影的拍摄，郎咸芬结束出国访问提前回国，从北京直飞长春，进入“长影”后，发现剧组的同志已经在导演安排下按部就班地行动起来了。剧本已经按照拍电影的要求重新做了修改，舞台演出三个多小时，拍电影只允许一小时四十分钟。导演亲自动手，一部分删繁就简，集中精炼，另一部分则重新设计，重新创作。

戏曲电影这一新的艺术形式，激发了郎咸芬及主创们的创作激情，他们极力地发挥着两种艺术的各自优势，并利用电影的手法更加完善了原戏曲舞台剧在表现上的缺憾，从而为电影作为一种艺术手段融入对舞台戏曲的再创作留下了宝贵的经验。

郎咸芬首先要面对的，就是按照为电影拍摄要求修改过的分镜头剧本进行排练。迟到的这段时间，她需要争分夺秒地抢回来；她天天捧着厚厚的“分镜头剧本”精研细读，还要背词学唱因剧本改动而重新谱曲的新唱腔。

吕剧的哀婉、柔美、含蓄是表现人物的内心世界里意志和情感博弈的最佳舞台载体之一。吕剧擅长把人与环境的冲突、人与人的冲突以及人物内心自我冲突融在一起，再以戏剧故事形式表现出来。吕剧电影中的戏剧冲突是融合了吕剧和电影的戏剧冲突之精华而形成的，其所涵盖的内容之广、思想之深也是值得关注的。

李二嫂一出场就带出很强的自我冲突点。戏剧中李七的出场是在第7场，电影中李七哼着“寡妇难”的挑衅小曲儿第一次出现是在第9个镜头——李二嫂在井台打水这场戏中，这使得李二嫂对李七内心极度厌恶又无可奈何的苦闷表现得淋漓尽致，对于张小六的帮助想接受又不得不顾忌街坊邻居的流言蜚语，更是要考虑如何应对那个没事找事、处处刁难、不依不饶的婆婆，暗自伤怀的自我内心世界展露无遗。两种内心情感冲突交织在一起，能在第一时间有效抓住观众的注意力。这种强大的自我内心意志与情感的冲突，只有配合吕剧这种温婉的风格来表现才不会显得突兀，让观众接受起来才不会有夸张感，从而使观众更好地融入到剧情中，让观众在尽情享受美的同时，悄无声息地接受作品传递出的情感价值。

这种开门见山，直渲主体矛盾的手法在吕剧戏剧中是很难运用的，若是单纯运用到其他样式电影中，戏剧效果会有所减弱，只有在吕剧电影中才会相得益彰。假如电影中李七只露一个脸的单镜头出现在吕剧舞台上，会让现场的观众看不懂，无形中增加了观众理解戏剧剧情的难度，相反电影中的画外音“寡妇难”为李七的出场埋下了伏笔，未见其人先闻其声的处理方式也间接告诉观众李七的身份是地痞流氓，同时也交代了故事的主要脉络：李二嫂的新生活与这无赖有关系，更深一层次的思考：新社会新生活再扯上个无赖，会有什么样的事情发生？观众的好奇心被唤醒了，观众需要一个正面人物来平衡或者是抵制李七这个反面人物，这也在观众心中为张小六的出场做好了铺垫。李七的出现也是交代了即便是新社会新时期依旧有没有散尽的旧势力，同时也交代电影的另一个戏剧冲突：翻身的百姓与残余的旧社会的矛盾冲突即人与社会的矛盾冲突。

在张小六帮李二嫂打场收拾麦子的一场戏后，接着演出的是天不怕的指桑骂槐、借机找事、含沙射影地撒气，这是戏剧冲突的侧面衬托式冲突，给观众一种诙谐又无可奈何的感觉，也体现出普通人生活中的小乐趣，无形中拉近了和观众间的距离。李二嫂的婆婆天不怕，一面是她遵循旧习俗的顽固封建思想导致的她个人和新社会之间的冲突；另一面是她自己墨守陈规自私自利导致的与自己儿媳李二嫂之间的矛盾，她为了留住儿媳和李七合计破坏李二嫂的新生活。天不怕一出场从与李二嫂的正面冲突逐渐转化到了衬托式的侧面冲突，这种迂回的矛盾冲突安排方式与吕剧发源地的文化思想也是密切相关的。李二嫂不卑不亢、有理有据地与天不怕对峙过后，天不怕先是去张大娘家提亲，再去李二嫂娘家告状，这两场戏都是从侧面表现她与李二嫂之间越来越深的矛盾，这种随着剧情发展矛盾越来越剧烈，采用多角度映射式的非正面直接冲突来表现的处理方式，增加了故事的戏剧性和影片的可看性，也吊起了观众一探究竟的胃口。

看上去是婆婆和儿媳之间的矛盾，实则是婆婆与新社会的矛盾冲突。这一含沙射影的表达，有别于开头天不怕一起床对李二嫂的质问这样的间接矛盾冲突，也符合故事的发展和思维逻辑，这样一来，这种戏剧冲突不仅不会对主要人物李二嫂和张小六的感情冲突有削减作用，更多的是一种彰显力量。

吕剧电影《李二嫂改嫁》海报

本影片所包含的主要戏剧冲突点在影片的一开始就交代清楚了。电影第七个镜头是天不怕未起床以及第十三、十四个镜头表现天不怕自以为是的顽固思想，第九个和第十一个镜头是交代李七的镜头，其余则是描写李二嫂早期劳作。这三组镜头，把李二嫂早起辛勤劳作和旧社会残余势力以及人性的差异，表现得惟妙惟肖。这组对比蒙太奇的戏剧冲突不同于其他影片，这种含蓄委婉的表达方式与吕剧的美学风格也是一致的。李二嫂推磨的戏中，李七轻蔑的“寡妇难”与李二嫂的处境形成一处对比；李二嫂苦闷无奈独自碾米与身后景深中小两口碾米也形成明显对比。一场戏中的双线对比，都加强了戏剧的冲突性，更有力地表达出李二嫂内心深处的无奈，深化了李二嫂内心的自我矛盾冲突。情感冲突被推向了高潮，这为后面李二嫂对张小六“坦白”前的自我内心意志冲突出现铺好了路。

中间部分有一条暗线对比，李二嫂不顾天不怕的阻挠跑到山坡上目送张小六去前方支援，这场戏中在村外高坡的大树旁，李二嫂手扶枝叶，满脸幸福，充满了期待与憧憬；后面一场戏在得知张大娘替张小六答应婚事的情况下，李二嫂在暴风雨中又跑到了这棵大树下，这时是倚靠在大树上的斜线构图，斜线构图除了拉长视觉突出美感外，更多的是带了些许凄凉和无奈的不甘。

同一地点、同一景物，不同天气就像李二嫂不一样的心境，这种强烈的对比，不单单是突出了故事一波三折的戏剧性、可看性，更多的是制造观众的观影心理落差，刺激观众的心理感情点，让观众自发地融入到剧情中。

郎咸芬在戏曲电影《李二嫂改嫁》中的表演，一方面保持了表演的朴实、真实、自然、情感逼真。同时，她又体现出戏曲化的特点，颇有造型感，将造型于自然之中。电影中最明显的表现是，她为张小六绱鞋的演唱，你看她双手捧着鞋，其甜蜜的情感，浸满了整体造型，不说其感情的到位，仅从表演形态上看，就有浓厚的戏曲味道，有夸张但夸张在自然中；有造型，但造型在情感中。

二、戏曲电视剧《苦菜花》

老作家冯德英的长篇小说《苦菜花》和同名电影是许多观众耳熟能详的作品。改编这样的题材并以吕剧电视剧的形式介绍给今天的观众，无疑是个挑战，加之戏曲电视剧一直处在创作摸索阶段无固定模式，更加大了创作难度，同时也给予了创作的自由度。编导者的创作意识非常清醒，紧紧抓住原著基本精神和厚重的生活底蕴，同时把握住吕剧唱腔独特的音乐风格，在二者之间找到最佳契合点，形成了独特的艺术品格。

戏曲电视剧《苦菜花》海报

戏曲是写意的，以“歌舞演故事”，电视是写实的、生活化的，如何尽可能地在写实中融入写意，在再现中融入表现性，是创作的关键。编导者依据题材和吕剧剧种特性，有意识地突破戏曲表现常规，弱化戏曲程式化的表演，把全剧定位在实景中拍摄，在真实地符合剧情要求的农村搭实景，搭建了冯家小院，一来体现昆嵛山民俗风貌，二来为戏曲化部分的表演提供真实的生活支点，为摄制提供运动的空间环境。除去保留吕剧的唱腔外，场景、人物、语言、动作等都是生活化的，遵循的是电视剧的美学原则。

编导者的创新意识是突出的，他们将戏曲表现形式中的“慢板”去掉，直接切入。使剧中人物的出现非常干净利索。第一集的开始就把故事推向观众，用镜头语言强化故事：德刚抱一杆猎枪往村中奔跑，身后狗叫声不断。德刚推开门，“娘，我打死了一个日本鬼子！”几个镜头就把故事发生的时代背景和事件交代清楚，让观众一开始就关注德刚一家人的命运。

戏曲电视剧的优势在于心理空间与行为空间可以在戏曲化的审美特征中存在并超常规的发挥，在把握住瞬间的心理活动后做游刃有余的铺展。这一独特的表达方式，《苦菜花》中有很好的体现。星梅盼结婚问乡俗一场戏，冯大娘告诉星梅，将来要热热闹闹地为星梅操办婚事，大娘唱“娟子蒙头红、德刚挑门帘；大娘铺花轿，长刚把轿杆。”这时画面上呈现的是星梅“从花轿蒙头红”结婚的热闹场面，这一虚实结合的表现方式，表达了冯大娘和星梅瞬间的心理活动，同时也丰富了观众的想象，满足了观众视觉和心理上的要求，达到了戏曲舞台无法达到的艺术效果。打麦场星梅、冯大娘婆媳终于相认，万千痛惜，“情凄凄、泪汪汪，话未尽，口难张。送儿送到尽头路，何时再逢白发娘！”画外伴唱的切入，就是利用了戏曲的表达方式，在紧急的情况下，表达母亲以泪送行，星梅最后吸一口“大地山川清凉气”，为昂然将鬼子带入地雷阵做了铺垫，“只惜头上无红盖，常于梦中做新娘……”星梅对美好生活的憧憬更加剧了牺牲的悲壮感。星梅与大娘诀别，大背景是红色的，预示着革命的胜利，母女相对各自慢慢向后退去，紧接着连环的爆炸场面，视觉上产生很强的冲击力，这一短暂的画面却产生了感人肺腑的效果。

戏曲电视剧《苦菜花》的审美特征，表现在不仅保持了吕剧唱腔长于抒情、委婉动听、旋律感强、音乐很有气势的特点，而且将一切电视表现手段调动起来为全剧服务，编、导、摄、演通力合作，使戏曲化与电视化有机地结合在一起，满足了人们那种想要了解历史和历史人物的真实生活的心态，满足了人们在欣赏过程中的认知欲和作品本身所具有的艺术魅力。导演袁牧女在“阐述”中说：“戏曲电视剧的风格样式要由题材和剧种来确定。我们反映的是革命历史题材，它的历史感、年代感、艰苦的战争环境，都需要一定的真实刻画和体现，加之吕剧的程式限量小，表演风格与生活氛围很接近，基于这样的考虑，把故事放在相对写实的环境中发展更有效……”我认为这样的定位是准确的。吕剧是北方的一个大剧种，当年的《李二嫂改嫁》曾创造了吕剧鼎盛的辉煌。吕剧的整体风格，具有丰满的底蕴色彩，这使它与电视的联姻提供了很好的基础。小说《苦菜花》自面世以后，便有了众多的读者。改编成电影后，故事更为人们所熟知。而改编成戏曲电视剧，无疑具有更大的难度。但艺术形式表现的情感判断，它所传达的是创作者灵魂深处激越的理想语言，它的作用通常是自然地驱动人们产生同样或类似的判断倾向，以至更能感召、净化人的灵魂，戏曲电视剧《苦菜花》的鲜活生命正在于此。它在总体上情感饱满，毫不含糊地追求以情取胜，情的抒发继而达到酣畅淋漓，令人感受到了强烈的悲剧情感力量。

第十二章　郎咸芬的表演艺术

一、腔美韵淳

一个演员即使嗓子再好，唱得再妙，如果观众不知道你唱的是什么，那演员的本职任务就不能说是完成了。所以，演唱首先必须得让观众听清楚，知道你唱的是什么内容，然后才能谈到艺术优劣问题。

唱与念是戏曲舞台艺术中相当重要的组成部分。剧中故事情节、人物性格、思想内容等，主要都是靠这两种艺术手段来传达的。郎咸芬得天独厚拥有一副好嗓子，善于运用这一资本和苦心钻研的她，使自己在走向艺术成功道路上步伐快了许多。郎咸芬的唱腔朴实、简洁，不以华丽的唱腔或是高腔来哗众取宠，而是用朴实的唱腔塑造人物含蓄、内敛的气质，用饱含感情的唱腔来唤起观众的共鸣。李二嫂由对婆婆的惧怕到反抗，蔡文姬由忧伤到宽解愁眉，武则天由威严到震怒，一切的情感变化都结合她朴实的唱腔、充满地方风格的发音吐字表现出来，形成了她朴实、生活气息浓郁的唱腔风格。

郎咸芬通过长期勤练基本功以及丰富的舞台经验，不仅在唱腔上“字正腔圆”，在念白上同样也达到了“字正腔圆”。戏曲的念白，又叫宾白，是通过角色的独白、角色间的对话和对事物的叙述，使观众能很快地了解剧情的进程始末。散白没有严整的节拍、固定的调门和旋律，吐字清晰，人易听懂即可，但韵白要讲究语言的美感和音韵的和谐，正如明代的戏曲理论家王骥德在《曲律》中所强调的：“戏曲念白虽不是唱，却要美听。”正说明了戏曲的音乐性不仅体现在唱腔上，还应体现在念白上。清初的戏曲家李渔也十分地重视宾白的音乐之美：“宾白之学，首押铿锵。一句聱牙，稗听者耳中生棘。”又说：“世人但以‘音韵’二字用之曲中，不知宾白之文，更宜调声协律。”其中所说的“首押铿锵”和“调声协律”，其实就是指念白应咬字清晰，发音应准确，否则一字拗口，观众听起来就会感觉刺耳难忍。

念白只有随着情境、人物的性格和心情而变化，人物的形象才能凸现，一出戏也才能随之被演活。戏曲界有一句行话：“千斤话白四两唱。”正是强调念白在表演中的重要性及其难度。在舞台上，郎咸芬的念白都是为塑造人物的性格而服务的，并通过仔细研究剧本所规定的情境和人物的思想感情来设置念法，讲究什么人物念什么味道，什么感情念什么语气，运用高低紧慢、抑扬顿挫和音色的宽窄粗细、音量的大小轻重等变化来传神达意，让听者“闻其声便知其人，聆其语如见其态”。

一般情况下，郎咸芬在念白中总是将要突出、强调的重点字音着力控制或加强音量，在念白之前总是先分析念白的内在意义，将台词内容分析透彻，将重点（逻辑重音）弄清，使念白字义内容鲜明，并注意声音的高低抑扬顿挫的调配以及运用对比的方法，把字意的轻重、缓急、连断、忽止，有节奏地念出来，使主要内容得到强调，情感得以表达。正如李渔在《闲情偶寄》中所说：“每遇正字，必声高而气长；若遇衬字，则声低、气短，而急忙带过。”“忌当断不断、反至不当断处而断；当联处不联，忽至不当联处而反联。”郎咸芬虽然不知道这些论述，但她在舞台实践中体会到，念白的抑扬顿挫，有利于人物情感的表达。

郎咸芬在最初扮演李二嫂时，现代戏正处于发展初期，念白生活气息浓厚，她着意挖掘人物语言的潜台词，将念白和恰当的动作表演、伴奏音乐相结合，从而弥补了念白的单一。《李二嫂改嫁》中，当二嫂得知小六总在张大娘面前夸自己的好处，心中十分高兴，淘米的动作更加起劲，脸上漾着笑容，欢快的坠琴伴奏推动了舞台上的欢乐气氛。《苦菜花》中的念白仍然贴近生活语言，但更注重现代戏念白的隐喻性和戏剧性。冯大娘教导曼子时说道："别看这苦菜花根是苦的，花可是香的。"通过语言的重音来提示潜台词，向人们展现了抗日军民进行顽强的浴血奋战的精神风貌。

郎咸芬在塑造古代人物时强调语言音调的抑扬顿挫，注重把握人物的气质。扮演武则天时，注重语气、吐字力度的变化，显示了不可触犯的皇威。无论是在现代戏还是新编历史剧中，郎咸芬的念白大都以生活化为主，同时通过语调的抑扬顿挫、恰当的动作表演、音乐伴奏等外界因素来衬托念白，形成她生活化的念白风格。

二、声情并茂

戏曲属于诗剧的范畴，既然是诗剧，那么诗的抒情特质在它身上必然有所体现。换句话说，若一出戏的演出只是干巴巴的说教、叙述，而没有真情实感来打动人的话，那么观众必然会觉得索然无味，很难获得情感上的满足，时间一久，终会拂袖而去，不屑一顾。但凡优秀的表演艺术家总是善于用自己的情去激起观众的情，唤起观众的共鸣，使得台上台下两情相融，达到最佳的审美效果。

郎咸芬的戏之所以能吸引广大观众，被广大戏迷喜欢，除了她唱得韵味浓郁，回环动听之外，还在于她在演出时深入角色、心里有数，懂得刻画人物性格，能将扮演的人物的唱和做都内含感情，揭示出剧中人物的内心世界，而不是只走形式。郎咸芬在表演时既善于表现，又重视体验，力求准确地把握角色的内心的世界，并从自我体验出发，体验、理解角色，将“我”与角色融为一体，寄情理于形式，寓生命于程式，真实动人地表现出人物的思想感情，塑造出有血有肉的舞台艺术形象。她在塑造自己扮演的人物时，特别注意调动一切艺术手段，运用各种技巧，通过一个个小动作，一个停顿或一个眉眼或简单的过场等细微的动作准确地刻画人物，清晰地反映出人物内心情绪的变化发展脉络，通过眼神、动作、唱调的轻重缓急等方式，将人物的思想和性格传达给观众。她认为舞台就是战场，上了舞台演员就须抛弃一切杂念，深入剧情，演出时就将自己设定为剧中的那个特定人物，只有了解角色，深入角色，才能把角色演真、演活，只有塑造出活生生的艺术形象，才能打动观众，被观众所尊重、所喜欢。

怎样才能唱得动人心弦，使人感动落泪呢？经过长期的学习和积累舞台实践，郎咸芬明白了要想戏动人，必须人物演得深，明白了若想诠释人物、演活人物，必须懂得人物所处的环境和其所有的感情，设身处地地进入角色，感情不对就演不好，即使有技巧也不行。当然，若想感动她人，必先感动自己，必须是演员自己进入角色先落泪，然后角色与观众之间相互交流，有所感染，才会起到共鸣的作用。郎咸芬在对人物形象的塑造方面，秉持了“台上非我，台上即角色”的原则，一上场，自己就不再是自己了，而是将自己融化为了剧中特定的“这一个”，在表演艺术上注重刻画人物性格，表现人物内心的情感，在舞台上塑造了一系列栩栩如生的艺术形象。

“唱戏唱戏，唱不出情，就唱不成戏，一定要将戏中的感情表达出来。”这是郎咸芬多年坚持的原则。无论是对传统唱腔唱法的运用与发挥，还是在对兄弟剧种唱法的融化与吸收，都秉持“唱情是尊”。如果唱声不唱情，再好的声音充其量也只能说是在震人耳鼓，不能撩人心弦，只有寄情于声，以声传情，声情并茂，演唱艺术的境界才能说是达到了一定的高度。为了唱出情，即运用演唱手段将人物的思想感情完美地调动、表现出来，郎咸芬抓住以情行腔、以字带腔、以声传情、字正腔圆、刚柔相济这几个要领，结合人物的心情、情绪、性格以及人物所处的环境和地位，合理运用唱腔造成一种特定、合理的气氛和效果，人物的感情就会油然而生，人物性格也随之“浮出水面”。

郎咸芬虽然天生就有一副好嗓子，但是她却从来不卖弄嗓子以博取观众的掌声，而是精心设计唱腔，以情行腔，将唱腔结构和人物的表现紧密结合，用声腔艺术塑造不同人物的形象。郎咸芬演戏以唱功见长，尤其是擅用大段唱腔抒发人物的感情，将人物的思想感情和性格特点刻画得细致入微。她对剧情分析得透，对人物理解得深，所以唱腔准确自然、绘声绘色，使观众犹如身临其境、亲见其人。

在现代戏《沂河两岸》中，她扮演热情爽快、忠厚朴实的老妇救会长梁向荣。剧中有一段唱“全村人心里热烘烘”，用“快四平”板式演唱。“快四平”是由“慢四平”演变而来，旋律特点是简单明快，句法排列自由灵活。郎咸芬在演唱中紧紧把握住这位革命老人性格中的主要方面，用不加装饰的本嗓，调动胸腹气力，充分发挥自身音质特点，既对整个唱段爽朗奔放的气势着意渲染，又对字头腔尾的细枝末节刻意求工，很好地表现了这位革命老人的气质。

郎咸芬在吕剧舞台上还创造了众多不同类型的古代妇女形象，蔡文姬是其中较成功的一个。为了塑造这个饱经忧患、才学过人的文学家的形象，郎咸芬在演唱方法上做了较大变化，特别加强了声音的控制。在戏的第三幕，有一段蔡文姬祭悼父亲、思念儿子的唱腔，用的是“反调四平”。“反调四平”比较适合表现凄凉哀怨、苦闷缠绵的情绪。郎咸芬的这段“反调四平”唱得抑扬鲜明、顿挫有致。唱悲声不失诗人风范，拖哭韵仍见才女气质，体现了她对人物理解得深刻和娴熟的演唱技巧。

郎咸芬除了注意运用唱腔来刻画人物性格、表现人物情感外，其念白亦是如此。念白不仅音色美，音韵和谐，而且还能根据人物情感的发展，顾及人物所处的情景以及在“此时此地”的心境，依据人物的性格，运用带有感情色彩和对事物的态度的语气，将念白个性化，念得节奏鲜明，具有弹性，符合剧情需要和人物性格特色，同时注意根据人物的性格和特定情境来灵活处理什么时候用口语，什么时候用韵白，以达到“传神”的境界。

三、本色自然

艺术贵在自然，因为不自然的东西总是不美的，正如人们常说的，矫揉造作、扭捏作态、搔首弄姿非但不美反而会令人作呕。郎咸芬的表演真挚本色，不温不火，洒脱大方，唱腔以味取胜，行腔、润饰颇有特色，富有浓郁的乡土气息和地方特色，终在吕剧演唱领域开创出新的天地。

众所周知，戏曲演员的身段动作是舞蹈化、艺术化了的，与现实生活中的动作不同，讲究“圆”与“曲”。演员表演时离不开肢体语言，一些细微的动作，不论是动是静，是柔是刚，都要求表演者对动作幅度精准的把握，这样会使观众“窥一斑而知全豹”。郎咸芬的肢体动作表演时如行云流水，一些细致入微的动作她都能把握得恰到好处，力用在最关键的节点上，没有几十年的表演功底和对戏曲表演的极大热情是做不到的，越简单的动作往往练习起来也越枯燥，如此精确的动作把握可见她在台下练习的次数必定十分惊人。

戏曲动作在舞台上起扩展和延长舞台空间的作用。一个舞台，不过三五十平方米，演员的活动天地受到限制，如果不能突破局限，表演上就没有更多、更自由的回旋余地了。因此，郎咸芬的戏曲动作更加注重把握细节，把有限的戏曲空间充分利用，利用细腻的动作使观众投入到更广阔的情感空间，从而延展戏曲空间，缩短观众的心理时间。

郎咸芬的表演风格秉承了吕剧所特有的朴素自然，并有所拓展。她在艺术上最显要的特点是不拘泥于技巧程式的羁绊，以人物的情感为依据，以扎实的生活体验为根基，所以，她的表演不但没有因此而“虚化”反而更加易于接受。

郎咸芬悉心设计人物动作。在设计李二嫂的动作时，郎咸芬和剧组人员努力将戏曲传统程式和非戏曲传统因素相结合。李二嫂的走路将圆场台步和生活中的平常走路相结合。暴雨欲来刮起大风，李二嫂举手挡眼、背转身的动作是在放大生活动作的基础上，结合“云手”“转身”而成。抢收麦子的动作则将芭蕾舞元素和鹞子翻身相融合。和小六冒雨堆麦子的动作结合真实的劳动生活和闪腰“滑步”，用舞蹈化的形式来表现。初演李二嫂时的郎咸芬尽管很年轻，但她勇于探索，从而不断在现代戏表演领域取得成功。

郎咸芬善于运用对比手法来表现相近场面的不同气氛。《李二嫂改嫁》中有两次李二嫂对孤灯的场景，根据不同的规定情境和人物的心理面貌，郎咸芬运用唱做结合的方式，创造了两个形成鲜明对比的场面。“对孤灯想往事暗暗伤心”时，演唱动悲情，场景十分凄凉。“借灯光赶忙飞针走线”时，演唱动喜情，场景欢快、温馨。面对同一盏灯呈现了人物的不同面貌。

郎咸芬注重用贯串动作来塑造人物，注重人物性格发展的层次性。李二嫂在面对天不怕时身形姿态的变化：唯唯诺诺——身体逐渐舒展——坦然地把鞋递给小六——挺直腰板与婆婆据理力争，表现了李二嫂的思想变化。冯大娘多次看银镯，感情既相通又不同，郎咸芬从人物心理出发，准确设计动作，让观众从视觉上看到角色性格变化的层次感。

总之，戏曲动作在舞台上的律动过程，在戏曲美学的角度看，属于形式美的范畴。它们富于变化、奇姿多彩，能给人以柔和、协调和浑然一体的美的感受，而郎咸芬对肢体动作的要求格调是相当高的，她深厚的表演功底和对剧中人物的独特理解，通过平实的肢体动作完美地融入戏剧的情景，使得观众在获得美好情感体验的同时，更在艺术真实的高度上升华为对戏曲形式美的感悟。

数十年舞台实践，使郎咸芬对艺术创作的艰辛有着深深的体味。《李二嫂改嫁》是她的成名之作，也是她呕心沥血之作。在表演及演唱方面都下过一番苦工夫，自然也“心悟”到一些独特的见解。现将她两篇谈塑造李二嫂形象的体会文章转录如下，以飨读者。

我演唱李二嫂的心得

塑造角色，有唱、念、舞等各种手段。通过唱来塑造一个角色，就是重要手段之一。既要唱，就要唱得像。李二嫂的唱究竟应该怎么唱呢？整个戏，剧作家为李二嫂安排了11段唱，其中7段为独唱。每段曲子都有不同的感情变化，但每段曲子又都是李二嫂这个人物的唱。从整体来说，这就要求既要有细致的不同之处，又要有贯穿始终的统一。这个任务，在当时对我来说，实在太重了。许多唱法是导演的启发，作者的诱导，琴师的辅助，和同行们的互相琢磨推敲，不断实践，不断探讨的结果。“一把眼泪一把汗……”开门见山，第一句唱就是李二嫂对自己身受封建压迫的痛苦申诉。下面几句的唱词是：“碾回细米黄旦旦。五月里天气虽然热，哪知我心里冰寒。”17岁的李二嫂为穷所困，以一石三斗粮食的价格被卖到了“天不怕”家。18岁死了丈夫，成了寡妇。每日里挨打挨骂，吃苦受累，淤积在她心里的痛苦，真是三天三夜也说不完。“一把眼泪一把汗”，这是一句导板，在幕后唱的。观众未见其人，先闻其声。声音要适当加强，但不能太硬、太亮。要唱出李二嫂的悲苦心情来，这就要求不仅要把握住旋律进行，还要对某些音进行适当处理，如在“把”这个字上加一点下滑音，在“泪”字上加一个下迂回音，在“汗”字上加一个慢颤音，“汗”字的声音要由弱到强，逐渐放开，以求收到悲苦哀怨的艺术效果。第一句虽在幕后唱，但一定要细致地把握李二嫂的内心感情，通过声音，表达出李二嫂的不幸遭遇，并把它深深地印在观众脑海里，为后面李二嫂一系列的情感动作做好铺垫。

除了这些，唱散板还要求演唱者注意每句的完整性和唱词的连贯性。说是散板，其实不散。太紧了不行，太散了也不行，要根据旋律和词意演唱得松紧适中。“碾回细米黄旦旦”，单从字面讲，似乎在欣赏黄旦旦的小米，但李二嫂此时的心情是：细米虽黄，心却冰凉。所以我唱这几个字的时候，不是欣赏“米黄”，而是倾诉心情的恐凉，用哀伤、凄凉的声调唱出“黄旦旦”三个字，特别是第二个“旦”字，要唱得有气无力轻轻吐出，这样感情更深厚。因为是散板，演员就有较多自由运用节奏的快慢对比手法。和“五月里天气虽然热”，把这一句唱得紧凑点；“哪知我心里如冰寒”，把这一句唱得慢一些。一急一慢，形成强烈对比。这样唱出来的“如冰寒”，使人感到李二嫂当时的心情真是彻骨冰寒呀！李二嫂起早摸黑，辛辛苦苦碾回小米，正要去给她婆婆做饭时，听到姿婆正在屋里数量着骂她！勤恳的劳动，换来的不是体贴温暖，而是婆婆的冷嘲热讽！最后以无限冤屈的心情唱出：“忽听见婆婆又骂俺。”

全剧中李二嫂唱段颇多，不可一一论述，我现择其重点赘述如下。

拿“李二嫂眼含泪关上房门”这段唱来举例，刚开始排练时，并不像现在这样，而是软绵绵的旋律，平稳的节奏，确实不足以表现李二嫂在当时既悲伤又愤懑的特定感情。于是，导演、作曲、演员共同开动脑筋，进行新的尝试。导演说了许多启示性的故事片段，并作了一些绘声绘色的示范动作。这样一来，作曲、演员以及乐队都激动起来了。经过反复推敲、实脸，仅仅改动了几个音符，加了几个空拍，加了一个切分音，感情、气氛就大变了。愤懑的声调，强调的节奏，不仅没有减低哀伤情景，反而更突出、更加强了李二嫂在这方面的感情。另外，与下一句唱的“对孤灯想往事暗暗伤心”的悲伤凄凉声调，在处理手法上形成强烈时比，收到了更加深沉感人的艺术效果。

李二嫂哀痛地回忆了自己凄凉、孤单的遭遇后，在唱到“老婆婆整天价明噘暗骂”时，曲调由“慢四平”转为“快四平”。声调处理上，由哀伤变为硬朗，以愤愤不平的语气唱出:“老婆婆整天价明噘暗骂，哪管你干活累眼花头晕”。李二嫂想到婆婆对她的凶狠压迫，心情激愤，越想越气。这时，她以烈马脱缰之势冲口唱出:“跺跺脚离开这李家大门”。在这一阵嚎啕大哭之后，李二嫂逐渐冷静下来，止住哭声，考虑自己将来究竟应该怎样生活下去。这时，就以平稳的声调，向往的心情唱出:“我和那六兄弟性情相近，看起来他……他倒可配我终身”。这里有两个“他”，两个“他”字要唱得不同。第一个“他”用疑惑不定的声调唱；第二个“他”用肯定而羞涩的声调唱出。倘若两个“他”用一种声调，一种语气，没有变化，平沓沓地唱出来，就没有感情层次，听起来就很乏味。在唱到“有心去找主任出个主意”的拖腔时，声调应低回婉转，以突出她边想边走的情景。最后以恳切盼望的声调唱出:“但愿得有人来拉我一把，早日里见晴天拨开乌云。”

李二嫂明显地感到张小六很喜欢她，为了证实自己的想法，要亲自到他家探探口气，摸摸未来婆婆（张大娘）的看法。但是正在此时，自己心爱的张小六第二天就要到前线去抬担架。李二嫂心情激动而喜悦地在灯下给自己心爱的人做新鞋，一边想一边做，唱了一段由“四平”转“二板”又转“散板”的抒情唱腔。首先用亲切柔和的声调唱出“借灯光我赶忙飞针走线”，第二句是“绱一双新鞋儿好给他穿”。“好给他穿”的“他”字，剧作家用得很妙，它含蓄而别致地描绘了李二嫂当时的甜美心情。假若不用“他”，而是用“六弟”或“亲爱的他”“心上的他”，就未免过于粗俗，过于外露。一个“他”字，既含蓄准确，又别致清雅，真是妙难言传、情趣横生。曲作家也不示弱，一个“他”字竟拖了四拍。旋律进行由“3”蜿蜒旋转到低“5”，而后才出现“穿”的旋律。词曲作者配合默契，别具匠心，恰到好处。这给我在演唱上提供了丰富的感情基础。这个“他”绝不能干巴巴直愣愣地唱，必须提住气，掩住音，温柔、衡美、沉静、亲切地唱出“好给他……穿”。关键要提住气，提不住气，就拢不住音。而拢不住音，唱出来的声音就必然是干巴巴直愣愣，不好听。

在想到倘若张小六答应和她结婚时，曲调由“四平”转为“二板”。唱这段“二板”的时候，我由唱“四平”时的温柔、沉静的音色转为开朗、明快的音色。为了便于快速咬字，发声的部位也有意靠前了些，口形也尽量不张得太大，以适应演唱多句快板唱词的需要。当然。所谓开朗、明快的音色，仍然是指李二嫂这个特定人物而言，脱离人物过于明快甚或轻飘、自然也是不可取的。如在唱“越思越想……越高兴”这一句时，“越想越”三个字唱得比较响而亮，“想”字的声音就逐渐弱了下来，及至唱到“越高兴”三字时就更弱了，只是轻轻地唱出“越高兴”这三字来，弱得好像怕他人听去了自己的心声和秘密。如果不是用喜悦的声调，轻轻地像说似的唱这三字，而是用一般情形之下的过响过亮的声调唱“越高兴”这三字，这就显得李二嫂未免过于放荡了。这样既突出不了李二嫂高兴的心情，也描绘不出李二嫂当时毕竟还是在“想”的甜美意境。

由于李二嫂的心情过于激动，思想过于集中，忽然一针扎到自己手上了！喜悦、激动、怦怦跳动的一颗心，顿时冷静下来。曲调由“二板”又转为“散板”。这时，我用疑惑为难的声调唱出：“就算俺二人都同意，可不知大伙啥意见。只怕有人来反对，又怕婆婆来阻拦。到那时上不上下不下落个丢人又现眼。”用心灰意冷的声调唱出最后两句：“想到这里俺心发冷，从头凉到脚下边。”

词曲情景的含意，特定人物的特定身份和语气，是我处理每句、每段、每个戏的唱腔的根本依据。张小六说：“二嫂！你不是还有句话要说吗？”李二嫂听到这句话后，她的心一下子“提到嗓子眼里”来了！唱词是这样形容李二嫂的：“心发跳，气也喘，前思后想好几番。”这样的唱词，用一般的明朗、欢快、优雅、柔和、舒展的声调来唱都不适宜。生活的规律是，人遇到过于紧张激动的事情时，心脏跳动得特别快，气息特别急促；气息一急促，语言就哽咽，声音响不起来，发出的声音带有一种自然的颤抖，概括起来说就是气过于声。它的要点是口齿咬字艰涩而重，演唱的声音要轻，有时甚至只能听到气息，而听不到声音，“心发跳，气也喘”这六个字，就是用以上那种方法唱的。类似这种演唱技法，听起来简单，并不复杂。但是上了舞台，面对千百观众，以假当真，倘若深入不了角色，激动紧张不起来就不容易唱好。我初唱这几句时，只注意外在的强弱变化，不是强了，就是弱了，总是唱不好。这时，在导演反复启发帮助下，我撇开了一切杂念，把自己完全放到李二嫂这个特定人物在当时的规定情景上，终于气过于声地唱出了“心发跳，气也喘”。唱完以后，脸烧得通红，心怦怦地乱跳，受到了导演的鼓励和肯定。由此，在演唱上，我体会到，只有深入到角色的规定情景当中去，恰当地表现出特定人物的特定情景的美，才是演唱上的真正的美。

当李二嫂从张大娘口中知道有人给张小六说了媳妇，而张大娘又很高兴地应下了这门亲事时，她跌跌撞撞地从张大娘家出来，在路上唱了一段由“慢四平”转“快四平”又转“二板”的成套唱腔:“悲切切出门来不辨西东，腿发软心发酸难把路行”。唱这两句，着力表现了悲伤、凄凉、神志恍惚的感情。在声调上要带有困惑乏力、悲伤失望的特点，音量不适宜过响。“关着门在家中祸从天降”，这句唱实际是在痛哭。所以，音量要稍放开一些。当唱到“顺水船偏遇上暴雨狂风”时，实际感情就不仅是痛苦，而是近乎控诉了。因此，音量应该放得更大一些。

急难中盼亲人。这时的李二嫂，多么盼望张小六快回来呀！这时的“盼望”不是一般孤寂、焦急地盼望，而是悲痛中急切的盼望。所以唱“六兄弟你怎么还不回转”这一句时，也不能平板地单唱旋律。对旋律的处理和语气音调的掌握，都要以“急切”二字的依据去处理和发挥。

现实生活教育了李二嫂，光软弱顺从不能挣脱封建枷锁的束缚。要说理，要斗争！只有向封建残余势力作坚决的斗争，才能过上幸福美好的新生活。李二嫂的思想成熟了，用明快、果断、坚毅有力的声调唱出:“我回头再把婆婆来恨，你不该狠心下绝情。明着出头来阻拦，偷在墙角挖窟窿。”最后，李二嫂通过一段紧凑的话白，进行了反省，决心去找妇救会主任申明态度，刚强有力、充满信心地唱出:“只要她能帮助我，你想破坏万不能。哪怕你千方和百计，我要和你来斗争！”

综上所述，这一大段唱腔的感情层次是怨伤——痛苦——怀念——盼望——反悔——痛恨——斗争。感情起伏变化相当大。内容决定形式，复杂的感情变化，要求演唱上声调和音色的多样化。从音色上说，这段唱要求悲伤时，音色要哀怨，音量要收敛；痛哭时，音色要带哭声，音量要放开；怀念、盼望时，音色要恳切、深沉，唱得要委婉流畅；反悔时，音量、语气比其他都重，但比后面痛恨时所需要的音量、语气要轻；斗争时，音量、语气不仅要重，而且要唱得刚劲有力……李二嫂最后的一段唱，是通过斗争，揭穿了“天不怕”的诡计后，在灯下为张小六缝衣服时的一段“中速四平”。唱这一段时，在声调上，我有意地让它轻盈、欢快、明朗、亲切一些。这是全剧中李二嫂最欢快的一段唱。在唱到“快把家来还”的拖腔时，要由强到弱，再由弱到强，以突出李二嫂当时的亲切、喜悦心情。“做一件新夹袄等他来穿”，这句唱中的“等他来穿”四个字，要轻声唱出。这样唱，更能表达亲切欢快和李二嫂当时甜美幸福的心情。

戏曲演唱艺术，要求我们做到不仅好听，还要感人。要求声调、音色和各种技巧的处理与人物形象的统一。在艺术效果上要求达到听觉和视觉的统一。“闻其声，如见其人”。同是一个“悲痛”，各种人物不同，就有各种不同的处理方法。李二嫂的“欢喜”，不同于小青妹妹的“欢喜”。要做到“悲”是李二嫂的悲，“喜”是李二嫂的喜。声调的控制，音色、技法的变化都不能离开李二嫂这个特定人物的身份感情和规定情景。

（《戏剧丛刊》1981 年 6 月）

现代戏表演要走从生活出发从人物出发的创作道路

山东吕剧是以现代戏起家的年轻剧种，而《李二嫂改嫁》一戏又和吕剧的命运紧密相连，为吕剧剧种的发展奠定了基础。

现在，就我创造《李二嫂改嫁》中李二嫂这一形象，谈一下我在戏曲现代戏表演中的一点体会。

一、塑造现代人物要向生活学习从生活中吸取营养

我们中国戏曲在世界艺术的宝库中享有一定的声誉，这说明，我们中国戏曲是有它的独到之处的，是其他艺术形式所不能包括和代替的。

提起戏曲艺术，人们的脑海中自然而然会出现那不受时间、空间限制的演出形式，那一整套严格的、规范化的程式和按照生、旦、净、末、丑的划分来确定角色行当的表演形式等。

中华人民共和国成立后，塑造和歌颂社会主义的新人，成为我们文学艺术的主要内容。于是，在我们戏曲工作者面前，当然也在吕剧工作者面前提出了新的课题，即戏曲如何反映现代生活，在现代戏的表演中是从程式出发还是从生活出发，从行当出发还是从人物出发？

1952 年，我们团排演了现代戏《李二嫂改嫁》，摸索和尝试了戏曲表现现代生活的规律和方法。我们本着一个原则：要创新，要突破，从传统戏曲的表演中解放出来，闯一条新的路子，闯出我们自己的风格来。

我们团的同志大多数来自文工团，思想比较活跃，比较解放，很少保守思想，没有什么条条框框的束缚，这为我们大胆创新提供了有利条件。我们认准了创新的路子，不动摇，不灰心，排出了《李二嫂改嫁》，终于得到了观众和专家们的承认，从此，吕剧走上了演现代戏为主的道路，从这个意义上讲，是现代戏造就了我们这一批演员。

通过实践，我深深体会到，现代戏的表演必须要突破程式和行当的束缚，一定要从生活出发，从人物出发。其实戏曲的表现也是讲“从有法到无法”。“法”不是静止的，是要发展的。这“法”的发展自然要从生活而来，从人物而来的。创新的路就是突破旧“法”创立新“法”之路。

现在，我主要谈一下李二嫂这个形象的创造过程和体会。

1952年，我从昌潍地区文工团调到省吕剧团工作。调来后，马上接受了扮演《李二嫂改嫁》中李二嫂这一角色的任务，当时，我只有17岁。

对于我这个从小生长在小城市的年轻姑娘来说，要扮演一个农村的年轻寡妇，这是个多么困难、多么艰巨的任务啊！农村的生活，我一点也不了解，封建思想摧残下的寡妇，甚至连见都没见过。尽管我知道，准确理解人物是创造角色的基础，可是我怎样去理解那个陌生的形象，怎样去缩短我和角色之间的距离，怎样去寻找角色应有的自我感觉呢？

1952年11月，我们团带着刚刚排出的《改嫁》一剧，来到了惠民地区博兴县体验生活。

终于来到了生活的海洋，我又高兴又激动，这是我们学习和了解生活的好机会啊。领导有意识地把我们分配到农民同志的家里，与他们生活在一起，和他们拉家常，说知心话，交朋友。

在这里，我接触了一个年轻大嫂，她是个寡妇，身世和李二嫂非常相似。为了从她身上挖掘我的角色的东西，我和她交了朋友，建立了感情，我们终于彼此说起心里话来。我问她：“你那时看见婆婆是什么感觉？”她感慨地回答：“别说看见，就是听见她叫我一声，我都哆嗦。”在农村生活，使我收获很大，我更为农民朴实、淳厚、勤劳、善良的本色所感动。

农民是理解李二嫂这样的人物的，甚至比我们演员理解得还要深刻。记得有次演出之后，一位农民同志提出，现在台上的二嫂对六兄弟不够疼爱，你看第四场，六兄弟回家后，满头大汗，又要急着吃饭好去开会，二嫂站在旁边，为什么不知道拿起桌上的扇子替他扇一下？农民同志的话提醒了我们，导演采纳了他的意见，有意地设计了一个动作：二嫂边说话，边拿起桌上的扇子，先是替自己扇了两下，又慢慢转向小六，替他扇了起来。通过这个劝作，使这两位有情人相互间情感更加深了，达到了此时无声胜有声的艺术效果。

要“从人物出发”，就得首先了解人物，细致地分析人物在剧中的动作、任务及情感、心理的变化和发展，《改嫁》的排演为我正确地创造角色奠定了基础。在这里，我要特别感谢我的老师、导演尚之四同志。在我开始学着创造角色的道路上，他给我的帮助和教诲是很大的。

《改嫁》中第三场，婆婆指鸡骂狗地骂二嫂不正经，语言非常尖刻，不堪入耳。婆婆走后，二嫂说了句“亲娘啊，这样的日子可叫我怎么过呀！”然后回到自己房中，有一大段唱腔，来抒发此时此刻内心哀怨悲痛的情感。这段唱腔在音乐设计上是很出色的，在当时，这段唱腔成了我们山东的“流行歌曲”，一提起吕剧，人们自然会唱起“李二嫂眼含泪关上房门”。直到今天的演出中，每当唱起这段时，演员在台上唱，观众在台下小声唱，可见这段唱是很有感染力的。

如果观众觉得我扮演的二嫂这个人物，还像个农村妇女，还真实可信的话，我首先要归功于帮助我创造角色的老师——现实生活，我是走了一条“从生活出发，从人物出发”的道路。

由于对现实生活的重视，几十年来，我养成了观察生活的习惯。因为我知道，生活的知识和经验是靠长期观察积累起来的。现在不管到哪里开会或参加社会活动，我都不放过这个学习机会。去观察不同职业、不同性格的人，和他们接近、拉家常，请他们讲生活和工作的经历。我认为，这是我间接地体验生活。从这些人身上吸取一些东西，为我创造各种人物积累生活和形象的资料。我觉得，观察生活应该成为我们文艺工作者的职业习惯。

二、现代戏表演要讲究“真情实感”，讲究“内外统一”

现代戏是反映现代生活的，剧中的生活和人物都是观众所熟悉的，要使他们相信舞台上发生的一切，演员的表演必须要逼真，有“真”才有“情”，有“情”才能打动观众。我演戏是比较注意从“真”字和“情”字上下工夫的。当然这个“真”是指表演有生活的依据，又不是自然主义的，而是艺术的“真”，这个“情”不是演员本人的，而是角色的“情”。

这个“真”字不仅包括演员在舞台上动作任务的明确性和准确性，角色自我感觉的准确性，利用外部手段来体现内心世界的准确性等大的方面，还包括细小的生活动作的准确性和真实性。如二嫂为小六做鞋，做得不像，观众就会出戏，如果手中的线越缝越长，观众就会觉得好笑。这就是“一点小失真，会影响大真实”的道理。

在创造角色中，讲完创造角色的精神生活，挖掘角色的内心世界，体验角色的思想情感，寻找恰当的外部形式来表达角色的内心世界，展开艺术想象，丰富角色的性格，合理角色的行为逻辑，与同台演员之间展开真实的交流，用真情实感去打动观众等，都是我们在表演中所追求的。

记得“改嫁”一戏刚刚排出时，有位农民同志对我的表演提出了意见，说二嫂为什么老抱着手看天呢？是啊，像二嫂这样一个在封建婆婆跟前生活的寡妇，举止言行应该是很有分寸的。人民常用“走路溜墙边，见人低头过”来形容寡妇的神态。尤其在婆婆面前，更是谨慎，那种抱手望天的闲散样子，根本不是二嫂的，说明那一瞬间，我脱离了人物，观众马上感到不真实，不可信了。

我接受了这一教训。从此，我注意比较细腻地分析人物的心理，精心设计和选择最能表达人物心理的形体动作（包括一个手势、一个眼神），很具体地展开人物的想象，连剧本上没有提供的，我也去把它想象出来，通过具体的想象，使人物的动作能更加合理、更加真实可信。我甚至具体到人物几点钟起床，起床后都做了些什么；冬天挑水走路是什么样子，井台子上结了多厚的冰，我怎么样踏着冰到井旁打水；夏天时挑水又是什么样子；推磨碾米时是什么情形；看到了什么景象，使我感觉到“我和人家隔道山”，想到了什么事情，使我“一把眼泪一把汗”？我把这些都想象得很具体，使二嫂第一次出场时就带着丰富的、复杂的情感，也就是“带戏”上场。我觉得只有进行具体的想象和内心的体脸，在舞台上才能不感到空虚，不游离于角色；在贯穿动作方面才能不间断，不出现空白。

俗话说，寡妇最怕对孤灯。在《改嫁》一剧中，二嫂有两次对孤灯，但因为规定情景和人物心理活动不同，而产生出两种截然不同的效果，并形成了鲜明的对比。

一次是第三场，二嫂遭到婆婆谩骂后，“对孤灯想往事暗暗伤心”。回忆起自己17岁进李家门起，就“穿破衣，吃剩饭”，不把她当人看，更可悲的是丈夫早早就死去了，自己像风雨里的一株弱草，举目无亲，孤孤单单地任凭风吹雨打。难道自己永远像碌碡一样，被人拉来拉去？自己的青春就这样白白地葬送？要跳出这万丈深渊，只有改嫁！可这多么难啊，怕婆婆阻拦、怕亲娘不依、怕邻居嗤笑、怕六兄弟嫌弃……此时此刻，二嫂的心情多么复杂，经历了悲情、哀怨、向往、犹豫、苦闷几个层次，只有牢牢抓住人物心理情感的细微变化，细致地体验每一段戏中的具体心情，这一整段戏才能演得清楚，演得有层次有变化，演得真实可信。

二嫂另一次对孤灯是第五场，为心上的人赶做支前的鞋。这是她在整个戏中最幸福的时刻。这对二嫂来说，是莫大的幸福，自丈夫去世后最高兴的时刻。她像一个初恋的少女，浑身焕发着青春的气息，她边飞针走线地做鞋，边等待心上人的到来。这时的二嫂是那么纯洁，那么多情，那么忐忑不安。她犹如回到了少女时代，显得那么活泼，那么年轻（其实她也只不过才二十多岁），她对未来那美好的生活充满着理想憧憬，她越思越想越高兴，脸在笑，心里在笑，笑得那样甜、那样美……

这场戏，同样还是那盏灯，我不再感到它昏昏如豆，凄凄凉凉，而是红彤彤的，是充满光明的象征，我觉得二嫂的心像这盏灯一样明亮……

通过以上例子，我想说明的是，按照角色的思维逻辑，去感受，去想象，是打开通向角色自我感觉之门的钥匙，但是仅靠这一点是不行的。戏曲艺术既是听觉艺术，更重要的还是视觉艺术，观众到剧场是来“看戏”的，我们演员就要“做”给他们看，把我们所扮演的角色的内心世界表现给他们看，这又牵扯到“体现”的问题，也就是“内”与“外”的统一问题。

能够寻找到准确的外部表现形式来表达人物的内心活动，不是一件很容易的事情，既要考虑到人物此时此刻的心情，又要顾忌到人物的身份、性格、教养、气质等。在对待同一件事情上，不同性格、不同身份的人会有不同的表达方式，这就要从人物出发，从多种的设想中寻找出一种符合人物性格和心情的典型动作和表达方式。

导演要求我扮演的李二嫂在整个戏里性格要有发展，除了牢牢把握每场戏的动作任务外，要求我运用声音造型和形体变化等外部手段来完成这个任务。

在声音造型方面，我进行大胆的尝试。我原属女中音，声音较宽阔洪亮，为能体现出二嫂受压抑的哀怨心情，开始几场，我不完全放开嗓子，保持深沉、委婉、惆怅的基调，以后几场，我逐渐开始放开嗓子，使声音逐渐明朗、洪亮起来，运用声音的变化，去体现人物的思想变化。

在形体方面，刚出场时，我微微弯着腰，微微低着头，走路轻轻的，没有大的动作和手势。二场劳动时，尽管心情不愉快，但还是精心地干活，那样忙而不乱，体现了她勤劳能干的性格。见到小六时，她像一个温厚贤惠的嫂子那样体贴他。这场戏的分寸感很重要，二嫂对小六的情感是藏而不露，虽然内心像一团火，但外表是从容矜持的。三场后半部，她受了妇女主任的教育，又看到人家成双成对的恩爱夫妻，更坚定了她要改嫁的信心，决定第二天就去找六兄弟探探口气谈心事。这时，我在形体上也做了处理，舒展了身子，挺直了腰，充满希望地“盼着鸡叫早明天”。第五场，当小六到二嫂房中来拿鞋时，婆婆突然出现在他俩面前，二嫂不再怕她了，而是当着婆婆的面，把自己做好的鞋从容地递给小六，给婆婆一个下马威。第六场二嫂抱着一捆做好的军鞋要去开会时，碰见了婆婆，她落落大方，非常坦然地站在婆婆面前，声音洪亮地与婆婆说话。第七场，她听说婆婆他们先下手给小六找了个媳妇的消息后，怨愤交加，终于坚定地挺起胸来，去找妇女主任评理，这时她一反常态，大步流星地走下场去。第八场，她见到了自己的母亲，又像个受了委屈的小孩子，当母亲劝说她不要改嫁时，她扭着身子，任性地和母亲争辩。第九场，她像是一个待嫁的新娘，身穿红袄，喜气洋洋地等待着幸福的降临，这是她在第一次婚姻中所没有的感觉，她的整个身体动作是轻松的、充满朝气的。

这样一来，通过形体上的变化，也看出了二嫂的思想变化和前进，为塑造人物提供了帮助。

我非常赞同法国雕塑家罗丹的一句名言："艺术就是感情。"我认为现实主义的创作方法，一是要真实，二是要有情。

程砚秋先生说过："有修养的演员在唱的时候，把人物当时的喜怒哀乐的情感掺蕴在唱腔里边，使唱出来的音节随着人物的感情在变化，怎能不感动人呢？"周信芳先生在总结自己的艺术实践时说过："从我年轻时，在表演上，我总是力求真实，无论唱、做、念、打，我总是力求情绪饱满，力求体现角色的性格和当时的思想感情。"

我演戏除了注重"真"外，还注重"情"，我觉得只有这样，才能打动观众，使他们从中得到美的享受，达到应有的艺术效果。

往往有的演员，对刚刚排出的一出新戏，很有新鲜感，感情也很真挚，但久而久之就失去了创作热情，再也激不起情感的波澜，只是做做样子罢了，自己都激动不起来，怎能谈得上去感染观众呢？"演员不动情，观众不同情。"

《改嫁》一戏从开始排练到现在已经三十多年了，在演出中，我仍然能保持良好的创作状态，和人物一道流泪、一道兴奋。上了台，我就是二嫂，我是在为"我自己"的命运奋斗，因此情感还是能够比较真挚饱满的。使我能够保持创作激情的另一个原因就是不断丰富人物的内心活动，保持新鲜感。而且随着阅历、年龄的增长，对人物的认识也不断深刻、丰富。总之，在创造角色的过程中，是不能有满足思想的，总要不断保持新鲜感，不断深化角色，演出新意。而且每次演出，都是认真去体验人物的心情，才能有真情实感，才能感染观众。

三、发挥戏曲艺术的特长，保持和发扬剧种的特色

戏曲演员是靠“唱、念、做、打”等表演手段来完成塑造形象的任务的。但戏曲之白，非话剧之白；戏曲之歌，非歌剧之歌；戏曲之舞，非舞剧之舞；戏曲之做，非话剧、歌剧、舞剧之做。戏曲的“唱、念、做、打”是被提炼成为一定的程式的，是包含着强烈的节奏韵律的。因此，戏曲演员在舞台上的负担是很重的，嘴里要完成唱腔和念白，耳朵要听着锣鼓点和音乐伴奏，身体要和着节奏做动作以及完成一定的舞蹈和开打动作，注意力还要放在戏的规定情境中，体验着人物的感情，感受着同台对手的“刺激”与交流。这是戏曲艺术所具有的特殊性。它既为演员创造角色带来了一定的困难，但是辩证地看，又为我们带来了方便，因为我们刻画人物的手段毕竟要比其他舞台艺术形式多一些。正是因为这些是其他表演艺术所不具备的，从而也就体现出戏曲表演的独到之处。

我们吕剧以演现代戏为主，因此，在表演上是以“唱”和“做”见长的。就我个人的表演风格来说，更多的是以“做”取胜，能较快地把握人物基调，找到人物应有的自我感觉，而且利用一定的形式，较细腻地表达人物情感。实际上，这其中没有那么多复杂的奥妙，我只是比较注意对人物体验得具体，想象得具体，设计得得体，包括一个表情、一个手势、一个眼神。

还是拿《改嫁》第五场“做鞋”一段戏来说，我嘴里

要唱，手里要做鞋，调度上，导演让我坐在炕上，不走动。我再靠什么手段去做戏呢？如果仅仅用唱腔去打动观众，那在家中听收音机也可以达到这个目的。观众这时又不会欣赏我如何做鞋，他们当中恐怕许多人都比我做得好，用不着到剧场来看做鞋。他们是来“看”戏的，看演员表演的，可这时，我的嘴、手、身体都被占用或固定着。我想到，此刻允许我做戏的还有一个重要工具——眼睛。俗话说“眼睛是心灵的窗户”，人的喜、怒、哀、乐、思能从眼睛中表现出来。所以，我抓住了这个表现工具，根据角色的心情，细腻地设计了眼神的运用。如当唱到“绱一双新鞋儿好给他穿”时，我仿佛看到六兄弟就在眼前，我心里真愿意多看他一眼，但又不好意思。因此，我设计在唱到“他”字时，有些怯生生地抬起眼睛，偷偷打量一下六兄弟，眼神里透出甜美和深情的光芒，唱完“穿”字时，我好像觉得自己的举动被人发觉了似的，于是羞涩地恋恋不舍地收回目光，虽然感到脸上一阵热辣，但心里却像喝了蜜一样甜美。这样一处理，既体现了二嫂对幸福的向往，对六兄弟的痴情，又表现了她纯真善良的性格。后来有的报纸评论说，看了《改嫁》后，觉得二嫂有一双会说话的眼睛，可是我知道，这不是天生的，而是经过设计的，我确实想着用眼睛去说话，用眼睛把人物的内心情感表达给观众。

《改嫁》是现代戏，二嫂是现实生活中的人，虽然我们演的是戏曲，但却不能把她处理成传统戏中的青衣、花旦。我们的表演要接近生活，但又要和话剧、歌剧有所区别，有我们戏曲的特点。也就是说，在现代戏表演中，我们既要突破程式、行当的束缚，又要让观众感到我们演的是戏曲，而不是歌剧或话别加唱。所以我们进行了大胆的尝试。就二嫂的形体动作来说，保留了一些程式的东西，但又要求演得自然。既使人感到是来自生活，又觉得是经过艺术处理；既使人感到真实，又不失艺术的魅力。就拿二嫂的走路来说，我们把它处理成既有圆场台步的成分，让人感到是戏曲的表演，但又很生活很自然，像现代人的走路，用这样的方法来演戏是可行的。

一个剧种的兴旺和发展，是要经历不断地学习、探索、创新和改革过程的，既要吸收和借鉴其他艺术形式和其他剧种的长处，要保持本剧种的艺术特色。这样，在中国戏曲的舞台上，才能“百花齐放”，各有其色。

四、演员成材离不开勤奋和拼搏

有人说，我 17 岁演李二嫂，20 岁就出了名，大概我天生就是块“戏料”吧。

不是我谦虚，真诚地说，我并不是演员的材料。论声音，我没有一副得天独厚的好嗓子；论形象，我没有俊美秀气的面孔；论“灵”气，我更谈不上，既不聪明，又不机敏，我认为自己很笨。像我这个条件不优越的演员，为什么还能出点成绩？那就是一个道理：勤奋！勤奋地学习，勤奋地练习，锲而不舍。

我总是提醒自己“笨鸟先飞”。我要获得和别人一样的成绩就要花费比别人多一些的劳动。

刚来济南那几年，我没有逛过百货大楼，没有到过大明湖游玩，整天除了排戏、练功，就是学习、记笔记。我的文化程度不高，学习理论有困难，但是自己仍是坚持学习。那时，剧团里号召学习斯坦尼体系，我也抱着书本，一点一点地学。平时排戏时，导演的要求和自己的体会，我从不放过，一字一句地记在我的本子上。演出之后，也要总结经验教训，记成笔记。

对待艺术创作的态度是要认真严肃的，是要能够虚心听取同志们的意见的。一次，排练《穆桂英》“责保”一场戏的升帐出场，我按照自己的设想上场了，导演不满意，没有通过，并让我下去重上。我反复琢磨，反复上场终于在第9次上场时被通过了。

有时，我常常爱给自己出难题，做不好一个动作，练不好一段唱，唱不好一段戏就不吃饭，非得练到自己认为满意了，才去吃饭。每当我接到一个新角色时，总像是着了迷似的，非常激动，什么也顾不上了，吃饭、走路都在琢磨角色，晚上还要把白天排戏的情况，在脑子里过过电影，真是有点到了废寝忘食的地步。如今回想起来，真是深深感到“要练惊人艺，需下死工夫”，可惜我下了死工夫，也未成惊人艺，可见学艺之艰难，学艺无止境。

在表演上，我不愿去照搬别人的东西，我总得从自己的条件出发，有新的创造和追求。有10个演员，就应该有10种不同的风格，因为各人有各人的条件。

在演唱上，我吸取其他同志的长处，但又要根据我自己的声音条件和特点。我主要在唱“情”上下工夫，追求“以情带声，声情并茂”，并注意忠实于角色，从人物的需要出发来处理唱腔。

回顾我在艺术道路上的成长过程，我个人的努力仅仅是一个方面，更重要的是靠党的培养和同志们的帮助，这其中包括编剧、导演、作曲、舞美各部门的同志，以及和我朝夕相处的演员们。

戏曲讲究“一颗菜”精神。满台演员，无论角色大小，都身在戏中、人在戏中，这样才能做到“满台生辉”。

说到这里不能不谈谈我的几个好同志、好搭档：扮演“天不怕”的靳惠新同志是《改嫁》的编剧之一，有这个得天独厚的条件，她对剧本理解深，人物吃得透，再加上她有较深的生活底子，肯钻研，爱学习，所以，她塑造的“天不怕”这个人物有个性，有光彩。

扮演“李七”的武韬同志才华横溢，会演戏，会作曲。由他作曲的《借年》至今仍属吕剧音乐经典作品之一。他演的“李七”不“水”不“浮”，一望而知是农村中经常见到的那种“油滑”“懒惰”、坏心眼儿特多的人。

王俊英同志因为成功地塑造了“张大娘”的形象而荣获华东戏曲观摩演出大会演员一等奖。她自幼长在农村，了解农村生活，熟悉农村的人物，她说:“左邻右舍很多都是张大娘这样的人。”她的表演自然、朴实、坦诚、热情，把这个中华人民共和国成立后的农村老太的精神状态表现得真实可信，深为观众称道。

林建华同志是我们吕剧界在演唱方面很有建树的艺术家。她灌制的唱片《小姑贤》《井台会》等广为传唱，风靡一时。她扮演李二嫂的母亲“刘大娘”，准确地把握了人物忠厚、朴实、谨慎、胆小的性格特点。

说到《改嫁》，不能不说拉坠琴的李渔同志。他是该剧作曲之一，后来又创作了《姊妹易嫁》《沂河两岸》等许多可称之为经典的作品，他按腔行弦，严丝合缝，更难得的是能够做到情随戏走，全身心投入。台上演员哭泣，他伴奏流泪，他富于激情的伴奏，很好地烘托和带动了演员的情绪。

以上这些同志都是从“地方戏曲研究室”就开始接触吕剧的元老级的人物。他们对新吕剧的发展作了开拓性的贡献，我们应该永远铭记他们的功绩。

《李二嫂改嫁》剧照

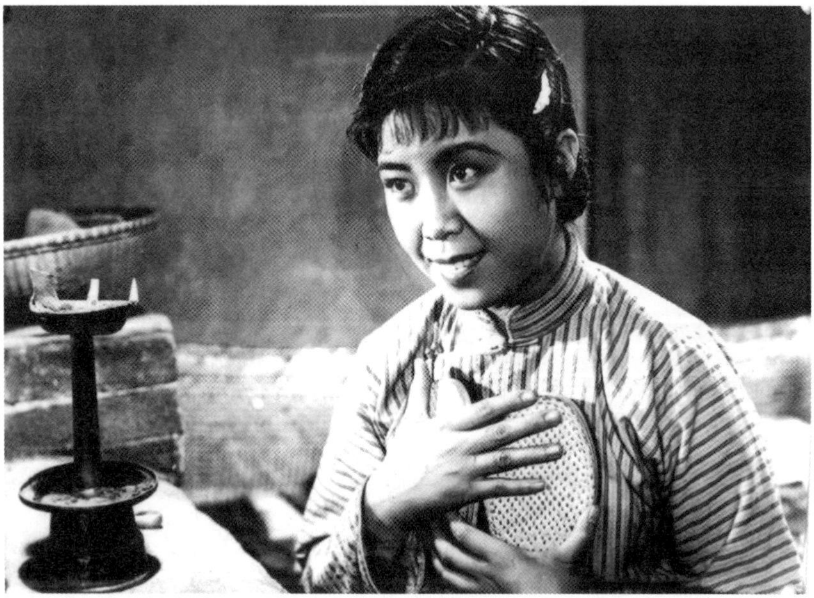

《李二嫂改嫁》剧照

郎咸芬在唱腔方面，勇于开拓创新。在舞台表演方面，她成功塑造了《李二嫂嫂改嫁》中的李二嫂一角，成为吕剧历史上具有里程碑意义的一部作品。在六十多年的艺术舞台生涯中，她在剧目与舞台表演上融会贯通，表演细腻深刻，并善于灵活运用表演技巧，塑造出了许许多多有血有肉的人物形象，对于吕剧表演艺术的发展起到了重要的推动作用。近年来，她总结自己多年来的舞台经验，不遗余力、毫无保留的培养青年演员，为吕剧的传承和创新作出了重要贡献。

第十三章　吕剧艺术的传习

郎咸芬，一直牵挂着吕剧的发展，以身示范，口传心授，传承着吕剧的表演技艺。正像郎咸芬说，“我所从事的工作与国家和党的要求还有一定差距，我的荣誉来自党和国家，因此对于这份厚爱我是绝对不会辜负的，在我身体条件许可的情况下，我会一如既往地努力”。

是的，她为吕剧的存在、发展立下过汗马功劳。她本可以好好休息一下，享受一下前半辈子没有享受的天伦之乐；然而团领导诚心诚意的多次聘请感动着她；厅领导对吕剧的关心、扶持激励着她。最主要的是：她唱了一辈子的吕剧，吕剧使她魂牵梦绕。

一、授徒传艺

为了吕剧事业后继有人，多年来她倾注全部心血传授技艺，培育弟子。她的学生遍及齐鲁大地，其中不少已成为活跃在第一线的骨干力量。她教戏更教人，特别重视学生的思想意识和道德修养，言传身教，以自己的德艺双馨为学生树立榜样。

在郎咸芬六十多年的舞台艺术生涯中一共收了 14 位徒弟。她们是：高静、李萍、胡静华、刘玉凤、杨春梅、史萍、秦霞、吕学勤、赵静、姜少华、赵秀敏、路晓荣、王一凡、吕淑娥。

和其他艺术家的拜师仪式不同，郎咸芬在拜师仪式上，郎咸芬颇有创意地取出一份《师生相约》，师生共同在这份约定书上签名。这份《师生相约》的内容如下：

弟子高静扮演李二嫂

对吕剧事业的热爱把我们聚集在一起，发扬光大吕剧事业是我们共同的愿望，我愿把毕生所学传授于热爱吕剧事业的年轻朋友，让我们为吕剧事业的灿烂明天献出真诚和智慧。坦诚陈述我的观点，希望和您求得共识：一、听党的话，坚持社会主文艺方向；二、立身修德，做个品德高洁的人；三、敬业爱岗，全心全意献身吕剧；四、勤学苦练、专业技能争创一流。如果您认同上述几条，诚心接受您为我的学生。

弟子胡静华演出《苦菜花》

在这14名学生中，毫无疑问，山东省吕剧院的4名学生因为与老师朝夕相处，从而得天独厚地得到老师更多的指导与关照。高静的《李二嫂改嫁》就是郎咸芬一招一式手把手教出来的。胡静华近年则在老师指导下，接过了在《苦菜花》中饰演母亲这一人物的重担。李萍则因为在《苦菜花》中扮演八路军特派员赵星梅，有机会和郎咸芬演出对手戏，在人物塑造、情绪控制及节奏把握上，直接受益于老师的启发和指导。吕淑娥作为第五代“李二嫂”的扮演者，其演出感情细腻、有血有肉，在继承的基础有创新。对于外地学生，她有时应邀去讲课或通过观看新戏彩排谈意见，更多的则是通过电话答疑解惑予以指导。

弟子吕淑娥演出《李二嫂改嫁》

如今她的学生都已经事业有成，业绩斐然。高静先后荣获第17届中国戏剧“梅花奖”、“文华表演奖”、“白玉兰奖”、中国现代戏优秀剧目展演“优秀主角奖”。刘玉凤荣获第18届中国戏剧“梅花奖”，多次获山东省艺术节“表演一等奖”。李萍获中国戏剧节“表演奖”，多次荣获山东省艺术节“表演一等奖”。胡静华获中国现代戏优秀剧目展演“优秀配角奖”，多次获山东省艺术节“表演一等奖”。吕淑娥荣获第二十六届中国戏曲“梅花奖”。其他如杨春梅、秦霞、史萍、赵静等也多次在历届山东省艺术节中获“表演一等奖”。

不论获奖多少或职务高低，毋庸置疑的是她们眼下均已成为各剧院团的主要演员，是吕剧艺术承上启下的顶梁柱，是吕剧界内一支不可小觑的生力军。

二、教学相长

郎咸芬认为吕剧是一门严谨的艺术，它的学习不是一朝一夕就能学好的，需要长期的努力，深入实践才能理解和洞察人物的情感，使其塑造的人物能够鲜活饱满。郎咸芬在其几十年的从艺经历中总结了几点吕剧表演的经验之谈，这也是其舞台表演与教授吕剧的原则。

1. 向生活学习

历史以其无限丰富的史实，充分证明“文艺从它滥觞的一天起本来就是人民的；无论哪一个民族的古代文艺，不管是史诗、传说、神话，都是人民大众的东西。它们是被集体创作、集体享受、集体保存”。作为深得广大人民群众喜爱的民族艺术，古老的中国戏曲自产生之日起就与广大民众结下了不解之缘，它源于民间，根植于民间，生长于群众肥沃的土壤，与普通民众的生活息息相关。它总是带有强烈的世俗性、大众性文化表象，其本质就是 种大众艺术。郎咸芬一直认为，戏曲应回到民间去，回到发展的源头去，为民写戏、为民演戏，演百姓爱看的好戏。要发扬中国戏曲“接地气”“重生活”的传统，一门心思研究生活，一门心思锤炼技艺，一门心思服务观众，保持艺术创作常新、艺术生命常青。走进生活深处，从人民群众的日常生活中挖掘素材、寻找故事，从人民群众的审美需要中汲取灵感、提炼主题，使戏曲创作获得旺盛的生命力。她当年排练吕剧《李二嫂改嫁》，到山东博兴农村跟当地的寡妇大嫂同吃同住同劳动的事迹，一直为戏剧界称赞和学习。

2. 用真情演戏

郎咸芬认为："不论唱词、念白、动作、表情，演员都要弄清楚为什么要这样做，要明白通过这些唱、做、念，达到什么目的，告诉观众一些什么情由。不能无的放矢，盲目乱动，为唱念而唱念，为表演而表演。"吕剧艺术的表演不仅仅是在人物唱念做打的表现上，更重要的是深入人物内心，表达出人物内心的情绪和感情的宣泄，才能使人物更加鲜活、生动。演员在表演时，每一个动作不仅要做到位，更要理解人物为什么要做这个动作，这个动作究竟要表达一种怎样的情感，人物究竟要传达一种怎样的信息。这些才是戏曲艺术表演的精髓，是需要深入探究的东西，一个人物能否"演活"全在于此。这对于戏曲演员来说是很高的要求了，要想达到这一点，演员在平时刻苦训练的同时，还需多多积累传统文化知识，提高自身的文化素养，这样才能读懂剧本、读懂人物，深入其精髓，演活一个人物。郎咸芬在教学时，每每在排戏之前都会先给学生们讲戏，将剧本故事的来龙去脉都清楚地讲述给学生听，目的就是让学生能更好理解剧本的内容，才能更好地塑造人物。同时，她平时也十分注重自身知识的积累，遇到对剧本不理解的地方，总会查资料想方设法地弄清楚。在排历史剧《蔡文姬》时，接到郭老的话剧剧本，在改编者忙于将其改编为吕剧剧本的同时，她就到山东师范学院（今山东师范大学），找她的老乡，历史系郭教授请教。郭教授逐字逐句、深入浅出地讲解蔡文姬的呕心沥血之作《胡笳十八拍》，他还让郎咸芬反复吟诵《胡笳十八拍》。经过这一番临阵磨枪的学习，用郎咸芬的话说："我觉得自己开始认识蔡文姬了，感觉自己触摸到人物的脉搏了。"

3. 在继承中创新

郎咸芬认为："戏曲艺术当然不能墨守成规，一成不变。'百花齐放，推陈出新’，这是我们坚定不移的方针。但是要知道‘陈之不推，新将安出’，脱离传统基础，侈谈革新，这是无源之水，人家就会说你不是吕剧了。抱残守缺，原封不动，就不能跟随时代而前进。”在国家提倡“百花齐放，推陈出新”的政策下，郎咸芬认为吕剧的改革既要坚持传统，又要大胆创新，在创新的同时不能离开吕剧艺术最本质、最传统的东西，是要在其传统的基础上做符合时代特色的创新。她在平时的传授中也是鼓励学生对传统戏曲提出建议和创新的，她从不禁锢和批评学生一些独特的思想和想法，而是正确地引导学生在不背离传统戏剧的条件下，做一些有益的改革。但她认为：“每一个剧种能够擅变流传，源源不绝，这不是偶然的，一定有它的长处，有它的特点。我们绝不能自暴自弃，妄自菲薄，而应该钻进去，深入研究，把优秀的传统艺术挖掘出来，继承下来，加以革新发扬，吕剧是有大作为的，大有前途的。”这是她对吕剧艺术传承的希冀，同时她也是这样教育后辈的。

三、德艺双馨

戏曲界有句行话：“艺好不及人好，戏好不及性好。”此言甚是，一个演员凭借出色的技艺感染人很是容易，但以崇高的人品艺德让人折服、敬佩却不是一件容易的事。郎咸芬不仅戏演得好，而且人品也非常好，她一向仁义处世、待人诚恳、温良恭俭、虚怀若谷、淡泊名利，以“德艺双馨”而闻名于剧坛，受到了众人的爱戴。她一向认真负责，秉持着“戏大过于天”的原则，所有的私事都要让位于表演。郎咸芬演戏特别投入，从不在乎角色大小，主配角同样全力以赴，即使是扮演一个龙套角色，也从不松懈懒散，而是精神集中地投入到角色塑造上，时刻在人物中，在规定情景中，在人物交流、感受中。哪怕是叫好连连、有了一定声望和口碑后，过去那种只能演主角不能演配角的“角儿”，只演正面人物不演反面人物的情况在郎咸芬身上也从没有过，郎咸芬从不计较演出的角色大小。

她认为群众也是重要的，也是起贯穿作用、必不可少的，哪怕是只有一句话的角色，也不能随便敷衍应付、不以为然，即使是没有唱词时也注意根据人物的身份和环境来设置动作和表情。

都说戏曲是吃青春饭，如今的郎咸芬虽然年事已高，气已不如年轻时那么足，但其动作仍能自然而出，唱腔依旧委婉舒展，韵味不减当年。

郎咸芬不仅戏演得好，受到广大观众的喜爱和认可，其人品、艺德也都非常高尚，在舞台上对其他演员关心、帮助，在生活上为他们排忧解难。郎咸芬在其艺术生涯中，从未沾染过行帮习气，亦无门户之见，处事一向平易近人，善良热忱，质朴爽快。

性格和善的她从不与人翻脸，心态平和的她从不与人争名夺利，这在艺界是很少有的。对于同行和晚辈，非但不小视，而且毫无保留地尽力扶持提携，这些美德深受同行的敬重。

郎咸芬一生虚怀若谷、性格内敛、不事张扬。虽说唱腔和演技得到了一致好评，但她自己总谦虚地说自己不行，不如别人。对慕名而来的求学者，虽然从未正式收徒，却依旧说戏、讲戏、教戏，毫无保留地将自己的艺术和知识悉心、认真地传授给年轻演员以及票友朋友，并且对她们的指导一向耐心有加，严格要求，对于她们表演不当的地方友善地指出问题，提出改正意见。

第十四章　总理的教诲

郎咸芬认为，山东省吕剧院的发展、吕剧事业的发展、她本人艺术事业的发展同历届省市领导、文化局领导、院领导的支持分不开，也与尚之四、张斌、武韬、李渔、靳惠新、林建华、李渔、刘奇英、刘梅村、王俊英等老同志的帮助分不开，更与观众的热切希望和关爱分不开，尤其是周恩来总理的谆谆教诲和亲切关怀让郎咸芬一生铭记。

一、初见周总理

1956年，全国人大代表团首次出访欧洲六国，其中演艺界的代表就是程砚秋先生和她。她是代表团年龄最小的一个。周总理在莫斯科接见了全体代表后，又留下了他们两个，单独谈到凌晨3点。周总理看过郎咸芬演的“李二嫂”，语重心长地鼓励她：一是演好戏要先做好人；二是要学习，戏曲演员没有文化是不行的；三是戏曲演员要练功，一天不练不行，所以干这个工作要晚结婚，少生孩子。

60年来，郎咸芬一直践行着周总理的嘱托，时刻用周总理的话鞭策自己。她坚持每天练功，每天读书看报，而且28岁结婚，一生只生育了一个孩子，这在那个年代，已经是非常了不起的女性了。1957年7月，郎咸芬和梅兰芳、周信芳、程砚秋、袁雪芬、常香玉、陈书舫等6位艺术家联名在《人民日报》发表文章，倡议戏曲界不演坏戏，这充分体现了她对戏曲事业的责任感和使命感。从艺 60 年，担任山东省吕剧院院长二十多年，郎咸芬也曾遇到过困难和挫折，但她时刻将周总理的话铭刻在心，在面对任何困难时，她都信念坚定，她相信周总理，相信党，这成为激励她从绝境中走出来的生命力源泉。

郎咸芬先后当选全国人民代表大会一、二、三、四、五、七届代表，又当选为山东省人民代表大会四至九届常务委员会委员。

1956 年 6 月，郎咸芬出席了第一届全国人民代表大会第三次会议。

郎咸芬回忆说，第一次参加全国人代会，印象最深的一件事，是与周总理的对话。

那时候人民大会堂还没有建起来，是在中南海怀仁堂开大会。会议中间休息几分钟，很多人都到休息厅休息。因为是第一次参加这样规模的大会，第一次进入中南海，她不敢随便走动，便与同坐一排的全国劳动模范郝建秀、扮演白毛女的电影明星田华等同志一起随意交谈。这时，她们看到周总理从台上走下来，径直来到她们身边，几个人立即围拢过去。

总理望着郎咸芬说:“你是小郎吧？”

“是，我叫郎咸芬。”

周总理说:“我看过你们演出的《李二嫂改嫁》。我没有想到山东有这么好的剧种。”

没想到总理一眼就认出了她，还对山东吕剧给予这么高的评价，郎咸芬激动地说:“总理那次去看戏，对我们剧团全体同志是很大的鼓舞。”

总理说:“吕剧很好听，通俗易懂，雅俗共赏，很有前途。你们要好好努力把这个剧种发展起来……”

自那以后，剧团有过多次为总理演出的机会。1957 年 7 月，中央在青岛召开省、市委书记会议，周总理特意提出要看吕剧。

因为剧团主要演员此时正在长春拍摄《李二嫂改嫁》，就把成立刚刚一年多的学员队派到青岛为首长演出。可想而知，这些学员的艺术水平实在过于稚嫩，可周总理等中央首长依然饶有兴趣地看完了演出并上台接见全体演员，合影留念。由此可见周总理博大的爱心和对地方戏的支持与关怀。

二、再见周总理

郎咸芬与周总理的第二次对话，是在莫斯科苏维埃大旅舍。

1956 年 11 月 5 日，第一届全国人大常委会举行第四次会议，周恩来总理主持会议，其中，通过了中华人民共和国人大访问团出访前苏联、罗马尼亚等东欧 6 国的代表团名单。

1956 年 11 月中旬到 1957 年初，全国人大组织起一个规格很高的代表团出访前苏联和前捷克斯洛伐克、罗马尼亚、匈牙利、保加利亚、阿尔巴尼亚、前南斯拉夫 6 个欧洲社会主义国家。彭真同志任代表团团长，两位人大副委员长——沈钧儒、程潜任副团长。代表团中有很多民主党派负责人，像黄炎培、李济深、陈叔通、章伯钧、罗隆基等，还有物理学家严济慈、建筑学家梁思成等。代表团中有 3 位女同志，一位是团中央副书记区棠亮，一位是航空学院教授陆士嘉，一位就是郎咸芬。她还是两名文艺界代表之一，另一位是京剧人师程砚秋先生。代表团共 40 名正式成员，郎咸芬是其中年龄最小的。

出访前一天，刘少奇委员长接见了全体成员。他强调，这是全国人大派出的第一个外事访问团。在加强社会主义国家的团结和增进彼此相互了解方面，作为国家最高权力机关的议会代表团的相互来往和接触，是一种有效的方式。他指出，代表团肩负着加强各国彼此之间的联系，在有关各国人民切身利益的重大问题上找到共同语言，增进国际合作和维护世界和平的重要使命。

飞机起飞不久，时任全国人大常委会副秘书长的刘贯一坐到郎咸芬身边问道：“小郎，知道这一次是谁提名你为代表团成员吗？”

“不知道。”

刘贯一说：“代表团成员中两位文艺界代表，一位是程砚秋先生，另外一位原定歌唱家王昆女士。”周总理审阅名单之后说：“王昆经常有出国机会，这一次就暂不让她去了。山东吕剧是新兴的剧种，郎咸芬是中华人民共和国成立后我们党培养起来的优秀青年演员，就让她去吧。”

刘贯一同志特别强调说：“小郎，你是总理亲自点的将啊！”

“听了这些话，感谢与激动之情，真是无以言表。”郎咸芬回忆说：“总理这么关心吕剧，我们从事这个事业的人，更是有责任、有义务把吕剧搞好，使之兴旺发达、繁荣昌盛，否则的话，就辜负周总理的良苦用心了。”

赫鲁晓夫此时做出一个他们习以为常，但我们颇不习惯的动作：紧紧拥抱郎咸芬。这个镜头被随行记者不失时机地抓拍下来，并发回国内。这张照片曾在济南“中苏友好协会”前的宣传橱窗内长期展示。

不料这幅照片后来让她在“文化大革命”中遭了大罪。“和头号修正主义分子热情拥抱”，在当时的政治气氛下，不用上纲上线，就是十恶不赦的滔天大罪，首当其冲排在斗倒斗臭的行列中，还得踏上一只脚，永世不得翻身。

代表团作为中国人民友谊的使者 11 月飞抵苏联，先后访问了列宁格勒及斯大林的故乡格鲁吉亚等地向各阶层人民转达了中国人民的友好情谊，于 11 月中旬回到莫斯科，准备稍事休整，再去罗马尼亚、南斯拉夫、保加利亚等国家进行友好访问，不想，就在这远离祖国万里之遥的异乡土地上，郎咸芬又荣幸地见到了敬爱的周总理。

原来，周总理和王稼祥同志率“中国政府代表团”去尼泊尔访问，归国途中路经莫斯科，闻知他们也在此地，总理在开完记者招待会之后，兴致勃勃地又把大家邀集在一起，向他们介绍了当时人人关心的国际问题。在将近一个多小时的谈话中，总理谈到了我国党和政府的立场、观点，勉励大家要坚定对马列主义、毛泽东思想的信仰。在大家散去之后，总理却把郎咸芬和程砚秋先生单独留了下来。

“吃西餐习惯吗？”总理笑着问郎咸芬。

“嗯——还行。”说着，她紧挨着总理坐了下来。

总理听了这拖泥带水的回答，放声大笑：“我可吃不惯这牛奶面包。”

总理又转身问程砚秋先生：“程先生身体好吗？”程先生连说：“还好，还好。”

在询问了他们的身体、生活情况之后，总理又谈到这次代表团出国访问的目的。总理说：“这是我们中华人民共和国成立后第一次派出的大型代表团。你们是文艺工作者，要利用这个机会，和各国的艺术家广泛接触，建立友谊。”

在欢快、融洽的气氛中，总理把话题转到青年人应该怎样对待工作和学习上。

总理说：“青年人要抓紧学习。我读马列的书，就是在青年时期。现在岁数大了，事情多了，学习的时间就不是那么充裕。”说到这里，总理望着郎咸芬，深情地说：“小郎，要对国家、对事业作出贡献，就要做出一点个人牺牲。对个人的利益少想一些，对国家的利益要多想一些，还要晚结婚少生孩子。”

听着总理这殷切的嘱托，她轻轻地点了点头。

因为当时只有她和程砚秋先生在场，总理的谈话主要是围绕着青年人如何向老前辈学习的问题。

总理指着程先生对她说：“程先生为人正派，品德高尚，艺术上刻苦，有很深的造诣。”

程先生听到这里，连忙站起来说：“总理过奖。”

总理招手请程先生坐下，又接着对郎咸芬说："你要向程先生学做人，学品德，学他在艺术上孜孜以求的精神。"总理笑着问程先生，"听说程先生直到现在还坚持练功，是吗？"

那天晚上，总理很兴奋，一直和他们谈到翌日的凌晨3点。

谈话临近结束，总理显然很激动。他在室内来回走了几步，又站在郎咸芬的面前说："我是没儿女的，我把希望都寄托在你们青年身上。"

郎咸芬当时完全被总理的谈话所吸引，仔细品味着总理的每一句话。

第二天上午，她凭着记忆，把总理的谈话记录在日记里。可惜，这份珍贵的记录，连同她的许多笔记一起，都被焚毁于"破四旧"的熊熊烈火之中了。

那晚和总理谈话结束后，郎咸芬要送程先生回房间休息。

程先生问："咸芬，困吗？"

"不困。我心里很激动，一点儿困意也没有。"

"那咱在大厅再坐会儿。"

他们在沙发上落座后，程先生说："总理让我毫无保留地把艺术传给你们青年人，我实话实说，干咱们这行，没近道儿可走。我从艺一生，没别的诀窍，就一条：勤奋、苦学，动脑子钻研。我嗓子条件有限，还得把戏唱好，唱出人物，唱出感情，这就逼着你下苦功夫钻研，变劣势为优势，形成自己的特色。"

程先生艺术上的高深造诣，有目共睹。他在抗日战争期间，宁肯耕田务农，也不给日本鬼子唱戏。他的高风亮节令国人敬佩。

当人大代表团继续在原东欧六国访问时，郎咸芬因为要急于回国拍摄《李二嫂改嫁》，就提前告别了大家。程先生也因为身体不好需要回国治疗，他们两个便一同搭机返回北京。在飞机上，程先生又殷殷嘱咐她说："咸芬啊，总理的教导很重要，你一定要记在心里，按照总理的教导去做。周总理在文艺界朋友很多，他很关心文艺界的同志。可据我所知，能有幸聆听总理教诲长达3个小时的人不多。你很幸福，你要珍惜啊！”

郎咸芬说：“多少年来，我始终不忘总理的教诲。我惭愧自己做出的成绩太少。但自信可以告慰总理在天之灵的是，我在努力实践着他老人家的教诲，我听党的话，按党的指示去做。”

郎咸芬与程砚秋、梁思成合影

在前苏联访问期间，其部长会议主席伏罗希罗夫送给她三件礼物：一架高级照相机、一部录音机、一台大型收音机。这几样物品在当时都是很先进、很昂贵的。

彭真团长的夫人张洁清大姐陪伴她接受了这些贵重的礼物。回到驻地后，洁清大姐对她说：“这是伏罗希罗夫同志送给你个人的。因为你是代表团里最年轻的成员，他是希望中苏两国人民的友谊在青年人中延续下去。”

回济南后，她把这3件东西都交公了。剧团的刘梅村团长一冉说：“这是送你个人的礼品，你有权利自己保存。”可她觉得剧团家底太薄，全团才一部电话，照相机可以用来记录剧团的活动，录音机可以帮助演员学唱、练唱，收音机可以让大家及时知道更多的国内外大事，这些东西交给公家，比放在自己家里意义大得多，再说，如果没有剧团的培养，自己也不会有出国的机会。所以，她还是坚持交公了。

三、三见周总理

和周恩来总理的第三次对话，却让郎咸芬深感愧疚。那是在1959年周总理举行的庆祝国庆10周年宴会上。是时，恰好全国人大全体会议在京召开，郎咸芬接到了出席宴会的请帖。为此，她做了精心准备，特意穿上一件访问罗马尼亚时，当地领导赠送的衣服。这件衣服衣料质地高雅，绣花色彩艳丽，领口、袖口镶着白色刺绣的花边，一望而知是件有着鲜明的罗马尼亚民族风格的服装，她一直没舍得穿，今天是特意为出席这盛大宴会而穿的。

宴会开始后，总理挨桌敬酒。当他走到郎咸芬所在的这一桌时，眉头微微皱起，他问道："小郎，你穿的是哪个国家的服装？"

"罗马尼亚的。"

"知道今天是什么日子吗？"

郎咸芬开始隐隐感到不安说道："知道……国庆10周年纪念日。"

周总理说："既然知道参加我们自己国家的国庆纪念日，就应该穿我们自己民族的服装。"

郎咸芬后来说："当时，我红着脸点了点头，总理没有再说什么，和我碰了杯。但这杯酒我却没有喝下去，我懊悔、惭愧。同时，我也从周总理的话里感受到他那强烈的爱国之情。"

"这件事我印象很深，它让我知道：爱国心，表现在大事上，也体现在穿衣戴帽这些所谓小事上。不是说不可以穿外国衣服，而是要严格区分什么地点什么场合。在这件事情上，周总理又给我上了难忘的一课。"

"我和敬爱的周总理每次开人代会都能见面，具体次数难有精确统计了。我到他家吃过饭、可亲可敬的邓大姐还亲自动笔修改我在全国人大会议上的发言稿。她还提出让我在大会发言时尽量用普通话……印象中这样的事太多了。两位慈祥的老人像爱护儿女一样关心着我、爱护着我，但总理对我那3次教诲，因为其特殊的背景、深刻的内涵而永远保存在我的记忆中。”

1958 年全国第二届人大代表会议期间，戏曲界的代表梅兰芳、程砚秋、周信芳、袁雪芬、常香玉、陈伯华、陈书舫、郎咸芬联名向全国文艺界发出“不演坏戏”的倡议。在 8 位艺术家中，郎咸芬是年龄最小，艺龄最短，资历最浅的。

郎咸芬对吕剧作出了卓越的贡献，党和国家给予了她很多荣誉，得到了老百姓的爱戴。她曾当选为山东省六届、七届人大常委会委员，一、二、三、四、五、七届全国人大代表。面对这些荣誉，郎咸芬始终以一颗感恩的心感谢党和国家的培养，感谢人民的关爱，她总念念不忘要回报党，回报国家，回报人民。“感恩、回报”是她经常说在嘴边、挂在心中的信念，她也一直在以拥军和下乡演出的实际行动回报着党和人民。

郎咸芬与文艺界代表人物合影

第十五章　情系军民

一、拥军支前

在郎咸芬60年的演艺生涯中，拥军是一个永远的情结，“20世纪50年代去朝鲜，20世纪60年代去福建，20世纪70年代去云南，20世纪80年代去老山”。在猫耳洞里，郎咸芬和战士们结下了一段段不了的情缘，以至于30年后的今天，这些当年的战士依然还惦记着她，依然还牵挂着吕剧。

1. 走进朝鲜半岛

1955年，剧团在东北巡演期间，接到了光荣而艰巨的任务——赴朝慰问志愿军。这个任务是大家期盼已久却又不敢想的。全国的好剧团太多了，没想到会派他们去，更没想到的是，郎咸芬被任命为“赴朝慰问团三分团副团长”。

在那个历史年代，中国人民志愿军是深受全国人民敬仰的最可爱的人，有机会亲赴前线和最可爱的人近距离接触，交流谈心，为他们服务，为他们演出，那种自豪感和荣誉感是很强烈的。按照朝鲜前线的特殊环境和演出条件，剧团安排了相应剧目，精减了行政、伙房的人员。时值寒冬，朝鲜日平均温度都在零下40摄氏度左右，领导为他们每人发了几十元的补助买防寒衣物。经过一番紧锣密鼓的准备，慰问团“雄赳赳，气昂昂，跨过鸭绿江”，来到朝鲜战场。

慰问团来到异国他乡的朝鲜前线，竟然听到播放山东吕剧《小姑贤》等唱片的声音，这让他们感到既意外又激动。吕剧能够让远离家乡，浴血奋战的亲人在精神上、情感上得到慰藉，这对大家来说是多么大的鼓舞啊！同时这也打消了担心前线指战员们不熟悉吕剧，不喜欢吕剧的顾虑。

郎咸芬就和同事们为志愿军进行慰问演出，在零下 38 摄氏度的冬天换上剧中人物的单薄衣服表演，郎咸芬和同事们冻得直哆嗦，志愿军首长心疼地跑上前用大衣紧紧包裹住演员，这一幕让郎咸芬特别难忘。她觉得，志愿军这么疼我们，我们吕剧演员也要以更好的表演回报他们。于是，在朝鲜战场两个多月的演出中，郎咸芬和同事们以精湛的演技和良好的作风，成为演出团体中，最受官兵欢迎和喜爱的剧团，郎咸芬这个“二嫂子”也让志愿军官兵们倍感温暖和亲切。

作为慰问团副团长，郎咸芬和首长的接触机会更多一些，对指战员们期盼慰问团到来的殷切心情，也加深了一层理解。当她把指战员们的期盼之情向慰问团转述的时候，从同志们的目光中看出了迫不及待、渴望演出的神情。是的，无需再做什么动员，大家早就憋足一股劲儿向最可爱的人奉献精彩的演出。战地演出没有剧场，山脚下扯起幕布就开锣。条件是简陋了些，可演出不能“因陋就简”，演员们按照剧场演出的标准，小生、花旦讲究身形美，戏装内顶多穿件春秋衫就上台。首长怕冻坏演员，坚持让演员穿着棉衣演戏，协调的结果是双方各让一步，演员们在春秋衫外再加套一件毛背心。

这种“口头协议”不久又被破坏了。一次演出《李二嫂改嫁》，扮演张小六的杨瑞卿被志愿军流血牺牲的英雄事迹所感染，坚持艺术的真实性，演到“冒雨抢收麦子”一场戏时，在零下三十摄氏度左右的寒风中，脱光膀子上了“舞台”。坐在前排看戏的首长，见此情形挺身而起，一步跨上了舞台脱下自己身上穿的皮大衣把他紧紧包起来，嘴里嚷着：“不演了，不演了！不能把演员冻坏了！”

此情此景，让在场的每个人深受感动。

慰问团的同志演出之余，部队安排他们参观、听报告。他们登上了处处弹坑、遍地碎石的上甘岭；走近了一道铁丝网分隔两个世界的“三八线”；到国际主义战士黄继光烈士生前所在部队慰问时，见到了“接过哥哥的枪，继承哥哥遗志”的烈士的同胞兄弟黄继述……文艺界的人大多感情丰富易激动，这期间，用他们自己的话说:“几乎天天都是泪眼朦胧。”

一次，慰问团到志愿军某部演出，路旁一面山坡引起了他们的好奇：

远远望去，漫山遍野白花花的一片，阳光下特别醒目。莫非未融化的积雪制造了这奇特的景观？待他们下了汽车走近一看，都惊呆了，原来是一块块高不及半米的白色石碑铺满了一面山坡，上千块石碑上刻着相同的两个字：烈士。不知他们的家乡居处，不知他们姓甚名谁，唯一知道的是他们原本都是二十多岁，朝气蓬勃的热血青年，为了保卫新生的共和国，为了抗击帝国主义的侵略，别父辞母，撇妻舍子，更多的是还未来得及踏上婚姻的红地毯的年轻人，他们毅然决然来到异国他乡，枪林弹雨中抛头颅、洒热血，奉献了他们宝贵的生命。这片白花花的无名墓碑只是其中一部分，中华优秀儿女的忠骨，埋葬在异国他乡，让慰问团的同志受到了强烈的震撼。时至今天，谈及此处，郎咸芬和杨瑞卿二位老人依然控制不住滚滚热泪。

慰问团同志的激情化作深入展开慰问活动的动力。他们到战士驻地，找出战士们的脏衣服，借着瀑布山泉的流水为战士浆洗。没有山泉的地方，他们就砸开河里厚厚的冰面取水。脸冻红了，手冻肿了，可他们为做了一件切切实实的事情而感到欣慰。演出时，没有角色的同志就在后台赶写慰问信，把他们在上海、北京、沈阳、长春等地的所见所闻写在信里，用自己的亲身经历说明祖国日新月异的变化。据说，战士们收到这些慰问信后互相传阅，一读再读，贴身珍藏。

朝鲜战场山路崎岖，高低不平，水源丰富，沟多河多。慰问团的同志们别出心裁地扎起了一个个小红灯笼，夜场演出结束，把灯笼送到战士手里，为他们照明。他们站在坡前，望着夜幕笼罩下那一队队灯笼闪烁着星星点点的红光，宛如一串串红星蜿蜒行进在曲折盘旋的山路上，时高时低，时隐时现，渐行渐远……

2. 再赴前线

20 世纪 80 年代，边界烽烟再起，济南军区某部奋战在前线，戍边保国，历时数月，战绩赫赫，捷报频传，极大地鼓舞着全国人民。离乡很久的前线将士难舍乡音乡情，山东省吕剧院不断接到将士们索要吕剧唱腔录音磁带的信函。在这种情况下，一向对解放军怀着深厚情谊的郎咸芬忽发奇想——率领一支精干的文艺小分队亲赴前线，把乡音乡情送到猫耳洞和战地医院去。

说她“忽发奇想”，是因为自前线战事开启以来，尚无一支文艺演出队（包括部队文工团在内）被允许出现在前沿战区。郎咸芬把她的愿望通过有关部门转达至部队首脑机关后，竟意外地获得批准。在激动而兴奋的情绪中，剧院在短时间内集中优秀演员、乐队，加工排练精心选择的剧目，并带了 10 棵泰山松柏树，做好了奔赴战区慰问演出的思想和物质准备。

山东省委书记梁步庭、省长李昌安亲自到剧院送行，殷殷嘱托大家把家乡人民对子弟兵的情谊传达给前线将士，并再三关注大家注意安全、保重身体。山东省委、省政府对文艺小分队前线之行极为关注，指派文化厅长领队，电视记者随行，随时报道小分队战区慰问活动的实况。小分队的同志们每人都写了决心书，保证完成党和山东人民的委托。

1985 年 11 月，北方已是秋末冬初、寒风料峭，前线却依然山清水秀，热气扑人。穿越冷热两个季节，郎咸芬率山东省赴前线文艺演出慰问团一行 20 人，走进炮声隆隆、硝烟滚滚的前线战场。

前线此时已经进入相对平稳的时期。然而，双方小规模武力接触、渗入偷袭甚至炮火连击的情况时有发生，危险是时刻存在的。

小分队到达前线的时候，有些战士刚刚从坚守了四五个月的猫耳洞里撤下来休整。天气闷热、雨多、潮湿，猫耳洞里常常积满了泥水。尽管环境艰苦，条件恶劣，可是这些青年人仍然充满了革命乐观主义精神。他们在猫耳洞里写下很多充盈着乐观风趣精神的对联，有一副这样写："今有雨明有雨天天有雨天天下，战备盆洗脸盆锅碗瓢盆盆盆上"，横批："天赐甘露"。还有一副这样写："害怕艰苦莫走这条路，贪生怕死别进这个门"，横批："精忠报国"。赤胆忠心，溢于言表。郎咸芬说："看看战士，想想我们自己，年龄比他们大，资格比他们老，受党的教育比他们多，生活待遇比他们好，但却始终不能摆脱名利二字的困扰。到前线走一走、看一看、比一比，真觉得于心不安、无地自容。"

在前线，大家感触最深的另一方面是干部战士之间生死相依的真挚情谊。紧急关头，他们把生的希望让给别人，把死的危险留给自己。每次出击作战之前，为尽量减少战士的伤亡，争取以小的代价换取大的胜利，军、师、团首长都是冒着敌人炮火轰击的危险，亲临前沿视察。小分队在慰问期间，经常遇到下阵地观察的首长们。首长称赞战士们仗越打越精，战士们则称赞首长指挥越来越巧，他们互相信赖、亲密无间。

战争是残酷的，大家亲眼目睹许多年轻鲜活的生命牺牲在敌人的炮火之下，青春的热血倾洒在沃土之中。从最前沿的猫耳洞里轮换下来的战士，身上被蚊虫叮咬，双腿被污水浸泡，伤痕斑斑，溃疡发炎。握着这些年轻战士的手，大家禁不住热泪盈眶。

小分队在前线的活动安排紧凑，演出频繁。大到师团单位，小到班组哨卡，战地医院病床前，炊事班的灶火间，都响起洋溢着浓浓乡情乡音的吕剧唱腔的旋律。由于部队驻地分散，往往一天需要赶赴三四处场地演出。在穿插各部队之间的行进过程中，其中有多处路段暴露在敌人的炮火射程之内，此时，大家都感受到了“冒着敌人炮火前进”的紧张、危险而刺激的战场特有气氛。

小分队来到某部一等功臣盛其顺所在连队，郎咸芬清唱了吕剧《母亲的心》，以盛其顺妈妈的口吻，表达了后方千万个子弟兵的母亲对前线指战员的思念和感激之情。唱段中涉及的几位英模人物，有的就坐在那里看演出。郎咸芬刚演唱完，19岁的战士陈殿东突然站起来，走到她面前说：“听着您这段唱，就好像听见我的妈妈在对我说话，感到那么亲切、那么激动。”他把一块炮弹皮送给郎咸芬作纪念，表示一定要多打胜仗，为父母争光，为家乡人民争光，为祖国争光。郎咸芬当时毫无思想准备，身边什么也没有，就把沾满泪痕的一块手帕送给了他。战士们一致表示：“雨季作战我们打了大胜仗，旱季作战我们还要争取多打大胜仗，立大功，向家乡和祖国人民报捷。”

小分队还到了主峰阵地，在不足三米宽的坑道里为战士们演出。表演区实际上不到一平方米，演员和战士们摩背靠膀，没有活动余地。尽管这样，演员们仍然严肃认真地唱好每一句台词，演好每一个动作。战士们看得兴高采烈，不时地欢笑鼓掌。坑道口有很多战士挤不进去，看不到演出，郎咸芬和吕剧名家李岱江便又到坑道外面开辟了一个场地，为他们演出。郎咸芬还不顾部队指战员们的劝阻，硬是登上山顶为战士演出。她说：“不上去演就觉得对不起战士，就好像没有完成任务。战士们为报效祖国，不惜献出自己的生命，俺又咋能怕死不为亲人演出呢！”这一天，他们分别在不同的地方，以不同的方式演出了9场，直到晚上8点钟才回到驻地。

在小分队所有活动中，郎咸芬是最累最忙的人。有的演出场次不一定人人参加，但郎咸芬却是场场必唱。除了比较大型的演出场合，她还要为在医院、坑道、哨所这些特殊环境下战斗和治疗的战士们演唱，向他们表达家乡人民的牵挂和感谢之情。

在距离敌人最近的猫耳洞里，几个坚守阵地的战士知道小分队到来，他们提出想见见家乡来的亲人。考虑到战场突发的危险性，部队首长婉拒了郎咸芬深入前沿阵地看望战士的请求。她便在电话中和一线战士亲切交谈，无伴奏地为战士们清唱，电话线的两端传出抽泣声，一根电话线把他们的心紧紧连在一起。

部队首长称赞文艺演出小分队不仅送来了乡音乡情和全省人民的关爱之情，还为部队送来了战斗力。反过来说，小分队的同志在前线的所见所闻，更使大家感到“净化灵魂、刻骨铭心”。

山东省吕剧团赴前线慰问演出，受到党和国家领导人的赞扬，从前线返回，路经北京时，彭真同志和夫人张洁清同志特地派人把郎咸芬接到家中，认真听取了她的汇报，一直谈了3个小时。彭真同志勉励她说：“你们吕剧团带了好头，有人向钱看，而你们向前看，你们的行动本身就是具体地贯彻落实全国党代会精神，为文艺界树立了榜样。你们回到山东后，要积极宣传前线解放军的英雄事迹，使广大人民更加热爱我们的解放军。”郎咸芬激动地说：“我决心不辜负党和人民的殷切期望，以英雄的精神，去从事社会主义的文艺事业，去讴歌我们伟大的时代，多创作、多演出好戏，为人民和战士奉献更多更好的精神食粮。”

小分队成员路过北京，在机场受到中国戏剧家协会党组书记赵寻及首都文艺界人士的迎接和热情款待。回到山东，在车站受到山东省委、省政府及各部门代表的热情欢迎。

随后，郎咸芬及小分队的同志在京、鲁两地连续做报告数十场，介绍前线将士艰苦卓绝的战斗和他们创造的彪炳史册的功绩。

山东赴前线文艺演出小分队的活动，开启了派遣慰问团进前线的先河。此后，军地两界的名演员和艺术家们纷纷深入前线前沿开展慰问活动，从而掀起改革开放新时期的拥军热潮。

紧张而富有激情的前线慰问演出活动结束了，军队内外引起强烈反响。《人民日报》《解放军报》《中国青年报》《中国文化报》《大众日报》《济南日报》等十几家报刊、电视台报道了郎咸芬率山东省吕剧团文艺小分队在前线的活动情况。

《光明日报》在头版位置加发“编者按”刊登了郎咸芬《学习南疆战士的高尚情操》的文章，“编者按”写道：

> 文艺工作者的创作灵感、责任感从何而来？文艺作品的社会效果又在哪里产生？这些都离不开现实生活，离不开人民群众。因此，提倡文艺工作者深入生活、深入群众仍然是十分必要的。山东省吕剧团到前线慰问演出，收获颇多，郎咸芬同志的这篇文章充满真情实感，我们希望每个文艺工作者都来读一读，并利用一切机会深入现实生活。正像郎咸芬同志所讲的，深入生活，多和人民群众接触，这对净化文艺工作者的灵魂，克服文艺队伍中的某些不良现象，充分发挥文艺为人民服务、为社会主义服务的作用是大有好处的。

二、服务群众

戏曲作为一种艺术形式，能够千百年来发展兴盛，代代相传，除了自身的生命力以外，还与其周围拥有一大批追随者和爱好者密切相关。可以说，戏曲艺术的生命力就植根于戏迷之中。戏曲的生存和发展离不开忠实的戏迷受众群体。

近代中国，戏曲是人民大众最主要的精神消费产品，上至达官贵人，下至黎民百姓，都是戏曲的忠实观众。在这些忠实观众中，票友是其中最活跃的分子，他们唱着演着，演着唱着，带动了戏曲的长盛不衰。

改革开放以后，随着经济和社会的发展、群众审美取向的变化以及文化传播方式的多元化，戏曲的生存发展遇到了一些新的困难和问题，面临严峻的挑战。传统戏剧的阵地也在发生变化。

“一方水土养一方人”，在山东广大农村，百姓看戏、爱戏几乎成了他们不可或缺的生活方式。总会有一群对吕剧特别感兴趣的铁杆票友和戏迷，他们几乎每天都会与自己喜爱的吕剧在一起，如痴如醉、有滋有味的生活着。

吕剧能够从沉寂到今天的复兴，与广大群众的喜爱和戏迷的掏心呵护是分不开的。

郎咸芬说，在过去的发展中，在历史上最艰难的时期吕剧的戏迷与剧种不离不弃，相依为命。作为艺术工作者要特别珍惜自己的观众，这是剧种赖以生存的土壤，是剧团的衣食父母，应尽可能地创造各种条件加强与观众们的情感交流，共商发展大计，满足他们的审美需求，争取最大支持。观众是剧种得以生存的社会基础。

郎咸芬为基层文艺工作人员辅导

吕剧因其朴实无华、真切生动的表演和其婉转优美、通俗易懂的唱腔，深得广大观众喜爱。数十年间。山东省吕剧院演出足迹遍及大半个中国，包括广东、福建、广西等地的一些偏远地区，那些地方虽然因为缺电不能打字幕，但是演出效果依然非常好。观众反映说：“你们讲得很像普通话，我们听得懂，唱腔很美，很好听。”也许是因为济南话的“四声”和普通话比较接近，沾了这个光，吕剧走南闯北，少有语言障碍，故所到之处颇受欢迎。最让山东省吕剧院演职员们念念不忘的则是东北三省。

东北三省的人民和山东人民有血缘之亲。当年“闯关东的山东老乡，其子孙后代虽然久居这片黑土地，但血脉中流传下来的对乡谊、乡情、乡音的眷恋与喜爱却如山系水脉，绵延不绝。因有此情缘，山东吕剧到东北三省演出同在家乡各地演出一样，与观众交流互动极为自然、倍觉亲切。

山东省吕剧团曾多次到东北演出，其中第二次到东北是在20世纪60年代初期的“自然灾害”期间，以郎咸芬主演的《蔡文姬》《朝阳沟》为主打剧目，剧团演出所到之处，观众争相购票，日、夜两场，场场满座。在那种低标准、瓜菜代、食不饱、菜无味的困难岁月，在物资极度匮乏的情况下，彼时在东三省，无论走到哪座城市，当地政府都非常关照吕剧团演职员的生活，破格特批鱼、肉、菜蔬。此情此谊，令人至今难忘。

三十余年之后，1998年2月间，山东省吕剧院携《姊妹易嫁》《墙头记》《画龙点睛》《李二嫂改嫁》等剧目再次重返哈尔滨，又引起一番轰动。

山东省吕剧院在哈尔滨的演出，以其精彩纷呈的剧目，精湛严谨的表演，让远在北国的山东老乡着实领略了齐风鲁韵的美妙和风范。《新晚报》2月12日头版头题发表记者董艳新的文章说：“从几岁的娃娃到90岁的老人，都成了戏迷。初春的哈尔滨，涌动着吕剧热……

令郎咸芬难忘的是，那么多观众不知如何找到她宾馆房间的电话号码，纷纷打电话来向她送上问候，邀她上家里坐坐，尝尝自己包的饺子。还有更多的观众将橙子、香蕉等水果送到她房间，并拉住郎咸芬的手说：“多么想看看你，从前做梦都想亲眼见见你呀！”还有更多深情意切的观众生怕打扰她休息，悄悄地将东西放在门口，也不留姓名就走了……每每走下舞台，等在后台门口的肯定是一大帮手拿相机、笔记本，等待着郎咸芬合影签字的吕剧迷们，都是那么真诚，令她难以拒绝。昌胜水泥厂的赵世昌厂长出差回到哈尔滨，立即来到剧场，为每一位演员送上了一个哈尔滨特产“大列巴”。

更让她感动的是那位铁杆戏迷“邓饭金”，他场场不落地“猴”在剧场，演员们上哪儿，他都车接车送，就像家里来了亲人。

连日演出繁忙，令她几乎没有时间外出，唯一的一次中央大街之行让她焕发了青春。走在久违了的中央大街上，步行街的庄严高雅和整洁有序让她目不暇接。忽然，一支秧歌队映入眼帘，她看见一批老年人扭起了红火火的东北大秧歌。“郎咸芬，郎咸芬！”几位眼尖的队员认出了她，像老朋友似的冲她颔首，郎咸芬情不自禁，被浓情感染，加入了秧歌队，忘情地扭了起来。她说：“我永远也忘不了这一天！”

1985 年 4 月，山东省吕剧团由郎咸芬带领，来到蓬莱县公演。一天上午，一位年逾九旬的老人，步履艰难地来到蓬莱剧场，兴冲冲要“买一张郎咸芬的票”。售票员告诉他，郎咸芬今天不演日场，晚上主演《李二嫂改嫁》，可以看晚场。老人焦急地说：“不行啊，家里八十多岁的老伴躺在炕上不能动，白天托邻居照看一会儿，我出来看场戏。”

这位老人名叫周长发，90 岁了，家住登州镇武林村。郎咸芬得知此事，冒雨来到周长发老人的家。老人激动得不知说什么好，又是让座，又是倒茶，郎成芬看见瘫痪在床上的老太太，心头一震，鼻子发酸，想起了她久卧病榻的母亲。她像孝敬母亲一样，上了炕把老太太扶起，把棉被靠在老太太的腰背上。周长发老人唯恐老伴耳朵背，大声说：“你看看吧，这就是郎咸芬啊，到咱家来啦！”老太太满意地点头微笑，眼里闪着泪花。坠琴一响，郎咸芬唱了“借灯光”又唱“前线上好消息”。九旬老人高兴得连连点头，不住说“好！”“太好啦！”最后，老人像送自己的女儿一样，含着热泪说：“你再来呀……”郎咸芬激动的泪水滴在老人手上，连声答应：“再来，我一定再来看望您老人家！”

郎咸芬在戏迷周长发家中表演

这几个小故事从一个侧面反映了吕剧、郎咸芬和观众之间的亲密关系。

演员与观众是鱼和水的关系，观众流失了，水就干涸了，鱼也就失去了赖以生存的条件。观众是艺术家的“上帝”，“上帝”厌倦了你，也就意味着这位艺术家的艺术生命即将走到尽头了。从这个意义上说，郎咸芬是幸福的，她拥有一个庞大的、热爱她的观众群。

直到退休，只要组织上和山东省吕剧院有演出任务，不管是厂矿、乡村还是部队，郎咸芬都主动请缨。从亭亭少女到年逾古稀，郎咸芬唱遍了祖国的大江南北，唱遍了田间地头。坎坷人生路，风雨舞台歌。她说，她要为老百姓唱一辈子吕剧。她始终认为，没有观众的厚爱，就没有吕剧的今天，也没有郎咸芬的今天。

第十六章　恩师挚友好伴侣

一、伴侣杨瑞卿

“俗话说：男怕干错行，女怕嫁错郎。和老杨成为两口子，是我这一辈子最高兴、最幸运的事。如果没有老杨，也许我的生命在‘文化大革命’中就结束了；如果没有老杨，我也不可能在年过花甲之后还能登台演出并创造了《苦菜花》一剧中母亲的形象；如果没有老杨，我也品味不到老两口牵手一生、相濡以沫、晚霞灿烂、令人陶醉的人生愉悦了。”说起老伴杨瑞卿，郎咸芬话语滔滔，诉不尽肺腑之言。

杨瑞卿出生在渤海之滨的莱州市农村。大海给了他强健的体魄和坦率的性格。1949 年进入潍坊特别市文工团，他比郎咸芬早两年接受了“革命文艺”的锻炼。当年文工团奉命解散，他被分配到坊子煤矿工会，未及报到，又被调入济南，开始了他的吕剧艺术生涯。

在文工团时，他和郎咸芬排演《李二嫂改嫁》和歌剧《黄烟》。那时候的郎咸芬尚且不懂艺术创作是件严肃的事情，见到同台表演的杨瑞卿时而做生气状，时而做悲伤状，她觉得滑稽，忍不住笑场。领导不批评郎咸芬，反批评杨瑞卿。后者受了委屈不辩解，大度地包容了。他没有料到，在今后漫长的岁月中，他将用一生来包容郎咸芬。

杨瑞卿的名字是随着他在电影《李二嫂改嫁》中扮演张小六而为观众所熟知的。以后，他和郎咸芬多次同台合作。在《丰收之后》

这出戏里，他扮演的赵大川和郎咸芬扮演的赵五婶是一对恩爱夫妻。

杨瑞卿塑造的张小六极其成功，他的表演极为自然，极为生活化，极为朴素，这是他的一贯表演风格，演的张小六同样如此，他演出了张小六这个农村青年的厚道。在与李二嫂爱情交往中，张小六的内心很丰富，也有激动，但多是自我控制，热在心里，很少显露于外，这一人物特点，被杨瑞卿掌握得十分准确，他成功地塑造了一个思想积极正派、朴实无华的青年农民形象。

对他刻画的张小六，我们不用谈得具体，他的那副朴素的形象会显现在我们眼前：面目常是憨憨的，微带笑容，双臂常是自然下垂，似乎没有什么大动作，身板也不挺，也不弯，双目平视，见李二嫂少带一点抹不开。给人印象朴实而不愚钝，热情而不外露。这种表演，因为外在特征不明显，粗看上去，觉得平淡，因此不容易讨好。但细品评，会感觉其表演有一种自然天成的美。这种美是淡的，他不需要你向深度探寻。这种美是完整的，它没有突出的棱角把你引向某一高端。

在《沂河两岸》这出戏里，杨瑞卿与郎咸芬扮演了一对年近五旬的老夫妻。丈夫是落后的，妻子是先进的。落后的丈夫在思想先进的老妻帮助下，丢掉了畏首畏尾、怕这怕那的保守思想，振奋起当年支前的热情，投身到轰轰烈烈学大寨、治山治水的热潮中。

杨瑞卿是个好演员。他在《墙头记》中扮演王银匠，在《姊妹易嫁》中塑造了可爱可亲、可怜可悲的张有旺的形象，充分展示了他朴实、本分、生活化的表演风格，该剧由香港华文电影制片厂拍摄为戏曲艺术片，在港、澳及东南亚一带播放，赢得广泛赞誉。

郎咸芬 27 周岁才结婚。按当时的标准看，的确是做到了晚婚。周总理还希望她少生孩子，他们夫妇谨遵教诲，只生了一个女儿。生孩子的时机也是选择在拍摄《姊妹易嫁》期间，利用剧团不用巡回演出的机会怀孕生女。

女儿生下来不满百日，即由姥姥带回潍坊抚养了。

“每个成功的人士背后总有个为他（她）做出牺牲的另一半。”杨瑞卿就是郎咸芬身后那个坚定而有力的支持者。虽然同为剧团主要演员，同样的演出，同样的排练，同样的辛苦，但是回到那间 20 平方米左右的剧团宿舍里，一切似乎应该是女主人操心的家务事，老杨全部揽过来了。

“文化大革命”运动初期，大字报铺天盖地。在批判郎咸芬的专栏前，老杨陪伴着郎咸芬，一张一张地看，一条一条地摘记。每当郎咸芬受到围攻，老杨总是默默地站在她的身后，随时准备能在第一时间保护妻子。

转眼间，女儿到了上中学的年龄。分别 12 年后，孩子回到父母身边，一家三口总算团圆了。父母忙于工作，没时间接送孩子上学、放学。好在学校离家不远，那时汽车少，路上比较安全，没那么娇惯。孩子又是从小远离父母“磕打”出来的，孩子一直是自己去学校。

最难的时候是剧团出发的时候。老杨总是提前几天就开始筹划在此期间如何安排女儿的食宿。老杨根据与亲戚朋友协商的结果，给女儿列出一张表：几号至几号住张三家，几号至几号住李四家。倘若巡回演出时间超过一个多月，就请剧团里的同志帮忙，晚上和孩子作伴，早上叫她起来上学，早、午、晚饭到伙房打饭吃……

女儿买学习用品、找换洗衣服都是找她爸。因为女儿知道她妈心里不存这些事，问她也白搭。孩子放学回家，即便母亲在，她进门第一句话也总是“俺爸呢？”久而久之，当妈的心里别扭，问女儿：“我这当妈的又不是摆设，你怎么有事情不问我呢？”

女儿说：“我的裙子放在哪里你知道吗？我的鞋破了，该换新的你买过吗？学校里开过多少次家长会，你去过吗？你这个当妈的不是摆设又是什么？”

“毕竟那个时候孩子岁数小，不懂事。”郎咸芬说，“闺女如今也有了孩子，做了母亲。虽说女儿从心里还是觉得老杨亲，可她也已经深深体会到当妈的不容易。每年的‘母亲节’，远在海外的女儿总是忘不了打个电话回来道一声问候，每年的春节，哪怕只有短短几天，她母子也是千方百计抽时间回来陪伴我们过个年。我心里感到莫大的慰藉。”

多少年来，采访郎咸芬的很多，电视台的、报社的、本省的、外地的。但是，有心人注意到报刊上没有登载过他们两个人的一张合影，电视画面上没有出现过他们两个人共同接受采访的镜头。

杨瑞卿说：“不是人家不给拍，也不是人家不想拍，都被我拒绝了。我比咸芬早两年参加工作，从她考进文工团到调入山东省吕剧团，俺两个人先是在一起工作，后来成了一家人。她是怎么样在党的培养下成长起来的，一步一步，我看得清清楚楚。党和人民给了她荣誉，返回头来，她为党、为群众、为吕剧事业做点工作也是应该的。作为家庭成员，她顾不到的，忙不过来的，我多操点心，多出点力，是应当应分的，这没啥值得张扬的。所以，来采访的，我为人家端杯水，提出拍照的，我躲得远远的，我不想露这个脸，更不想沾这点光。我是个平头百姓，踏踏实实地做好家里的后勤工作就行了。”

正是基于这种朴实的想法，他选择了提前离休。20世纪80年代中期，改革之风遍吹各行各业，文艺体制改革也被提上议事日程。当时省里针对省直文艺团体的情况出台一项政策：具备一定工龄，尚不到离退休年龄的老同志可以在工资、待遇不变的前提下提前离退休；不适宜继续留在剧团工作的中青年，由政府出面重新安排到省直其他部门。

尽管山东省文化厅领导和剧团领导再三挽留，杨瑞卿还是执意提前离休了。“不离休实在不行了。”他说，“咸芬成了剧团主要负责人，工作越来越忙。闺女从小到大，我们亏欠她太多太多了。孩子一天天长大，上学、考学、工作，该遇到的事情一件一件都来了。她妈里里外外杂七杂八的活动多，对闺女的事，干着急帮不上忙，我若是再甩手不管，良心上也过不去。”

离休后的杨瑞卿成了母女二人的好后勤。女儿高中毕业后，因差了两三分未进大学本科，只好读了大专。毕业后找工作、恋爱、结婚、生孩子，生下孩子看孩子……一直在母女后面忙活着，支撑着。大人孩子吃穿用度都由老杨操办，外孙稍大些，学前教育的重任也由老杨主动承担起来，教孩子背唐诗、宋词，讲解《三十六计》等历史故事。

郎咸芬是家里的中心，维护这个中心的就是老杨。郎咸芬赞助沂南“希望工程”的钱是老杨按时邮寄，他支持郎咸芬一次一次的救灾捐款和把奖励的20万元作为吕剧发展基金；为解除部分赴台演出人员的后顾之忧，老杨主持操办起“小饭桌”，照顾这些同志的孩子吃饭、学习；夏天排戏紧张，老杨出资购买西瓜送到排练场。

老杨干了一辈子文艺，他熟悉剧团，更熟悉剧团的人，他总能在适当的时候提出一些好建议。春节放假，烧锅炉的临时工和搞保卫的、搞卫生的同志还得坚守岗位。在老杨的建议下，每年的大年三十下午，由郎咸芬出资，请伙房师傅帮忙炒几个菜，请这些同志围坐在一起喝点酒，吃顿饭。年初一的第一锅饺子，老杨先盛出两碗，端给传达室的同志。

1991年，剧团应邀赴香港演出。演出剧目中的《墙头记》《姊妹易嫁》，都是老杨的拿手戏。他离休之后，这两出戏已经由青年演员接过来，而且演得不错。但看过电影《姊妹易嫁》的港方人士坚持邀请杨瑞卿出山。当时赴港人员名额很少，有幸名列其中的自然高兴，无缘赴港的同志难免闹情绪。当时是文化厅长带队，郎咸芬兼任赴港演出团副团长。为了避免闲话，杨瑞卿断然拒绝重返舞台赴港演出。

一方面是港方指名邀请，一方面是老杨执意回避。文化厅长来到他家做工作，老杨坚持的理由是已经离休了，不再登台了。厅长问他：“你是共产党员吗？”

他答："我没退党。"

厅长说："是党员就应该履行党员义务，要服从组织决定！"

厅长也是文化厅党组书记，他搬出这个理由，杨瑞卿无话可说了。

杨瑞卿说："我呀，一辈子啦，改不了的乡下人脾气。不讲究吃穿，没什么嗜好，基本保持了农民艰苦朴素的作风。我常说，我是吃共产党的饭长大的，是共产党教会我演戏，在艺术上虽然没什么大成绩，工作态度上绝对说得过去。自1952年进吕剧团起至1985年离休，演《李二嫂改嫁》的张小六，三十多年演出千余场，一年四季从江南到东北，赴朝鲜，从农村到工矿、部队，不管条件多么差，不发牢骚，没有怨言，该脱光膀子就脱光膀子，决不在艺术上藏奸耍滑。有一年在徐州慰问解放军，我在《杜鹃山》中饰'毒蛇胆'，因功底不扎实，一个'抢背'摔断了左肩膀。可接下来还有两场演出《半边天》的任务，我扮演剧中的生产队长，一时间没人能顶得上去。我想，解放军打仗轻伤不下火线，我们演戏为什么不能向他们学习呢？于是我用带子把胳膊吊在脖子上，顺利完成了慰问演出的任务。"

家里这些事，还是郎咸芬自己说得透彻，她在《唯理解才见真情》这篇文章中说：

"台下好夫妻，台上好搭档。几十年来，我演主角，老杨给我配戏，总是那么严丝合缝，融洽完美。"

"我不愿回顾10年浩劫那段令人伤心惨痛的日子，可我又不能忘怀在我一生中最受磨难的时候，是老杨给了我挺过来、活下去的勇气。老杨替我蒙受羞辱，替我挂牌子游街，替我挨批挨斗，替我……挨过一天整，再拖着疲惫的身子到病房给我喂药喂饭。他为我担心，为我难过，怕我病势加重，怕我心眼窄想不开，静静地守在我的床边，一夜一夜，不知熬过了多少不眠之夜。'患难夫妻，相濡以沫'，只有身历其境的人，才能深深体会到这句古语的可贵之处。”

“有文艺圈的朋友来我家做客，我那时只会熬稀饭、下面条的手艺拿不出门，煎炒烹炸这些技术活就是老杨的事了。见他忙里忙外，朋友深有感慨，质问我说：‘让老杨这么一位好演员提前离休，在家伺候你，你郎咸芬就这么大派头，这话说得过分，但我无言以对。”

“现今形势下，剧团领导难当。山东省吕剧团作为一个影响较大的文艺团体，各界人士寄予厚望。为了振兴吕剧，在各级领导支持下，我和同志们做了很多努力。尽管如此，仍有许多问题不能尽如人意。由于众所周知的原因，一段时间内，剧团因为观众寥落而很少演出。这使许多年富力强，正处于艺术创作最佳状态的同志无端丧失了宝贵的实践机会。同志们心里有气，找我当面发牢骚，个别同志甚至情绪激动，出言不逊。我为此感到苦闷，感到委屈。老杨总是能及时地、敏锐地洞察到我精神上的变化。他劝慰我，开导我，私下去找那些牢骚重、火气大的同志交谈，帮我分担已经负担很重的群众思想工作。老实说，他也有忍不下去的时候。每当见我因为受到过分刺激而被人搀扶着回到家里，他抑制不住激愤之情，流着泪劝我：‘干脆别当这个受罪的官啦！’甚至亲笔为我起草辞职报告。可吵归吵、闹归闹，一阵疾风暴雨过去之后，他又默默地为我点火熬药，煮饭炒菜。为了工作为了我，老杨受了多少难为，只有我最清楚。”

“我还不到靠回忆打发时间的岁数。可想想走过来的路，总是忘不了和老杨共同尝过的那些苦辣酸甜的往事。在党和人民关怀培养下，我幸运地在事业上取得了一点成绩。如果有人问我的感想，那么，我想借用一句歌词表达我心中的意思：这成绩里面，有我的一半，也有老杨的一半。“中山服，军装裤，乍看像个村干部。这就是在我的成长过程中给予我师友情、同志爱的老杨。在充满痛苦、喜悦的人生旅途上，我们相依为命走下去。”

郎咸芬与杨瑞卿主演的《李二嫂改嫁》剧照

二、恩师尚之四

尚之四生于山东平度县城一个殷实家庭，弟兄八人，排行在四，故名“之四”。早年以教员职业为掩护从事党的地下工作，送情报、做交通，因工作出色，1943 年加入中国共产党。如果他有心在政治上发展，应该早已成为具有相当级别的“大官”。可是，正如郎咸芬所言，“他头脑里没有名利，只有艺术。”所以，尽管他对山东戏曲事业的贡献无人企及，最终也只是个“享受正处级待遇”的副团长。

尚之四是发现郎咸芬艺术才华的“伯乐”，也是她艺术生涯的引路人。郎咸芬调山东省吕剧团主演《李二嫂改嫁》，就是由他推荐的。

排演过程中，尚导演就像一面镜子，他从剧本的主题、人物性格的特点、情节发展的脉络、整体风格的把握，到具体的每个场次、每个环境、每段唱腔、每句道白，帮助演员逐条分析，加深理解。他还把自己对生活的观察、理解和体会仔细讲给郎咸芬，启发演员加深对人物的认识。他对郎咸芬说，他有个守寡的婶娘，一天中最怕也最难熬日落西山天还未黑这段时光。吃了下午饭，她就拿张凉席铺在院子里，用簸箕拾些小石头，一个一个地摆成鸡窝、小房子的样子，好不容易堆叠得有形有样，她一把推倒，然后再细心堆砌。她就用这无聊的游戏来消磨难以打发的时光。等到夜幕初降，星月渐升，那苦命的婶娘回到屋内，掩门大哭。

感性的生活积累，理性的深刻剖析，尚导演帮助郎咸芬一步一步逐渐走进了李二嫂的内心世界。在如何艺术地体现人物复杂多变的情感方面，精明的尚导演从来不当那种简单地套用程式的懒汉，也不允许演员用那种肤浅的图解人物喜怒哀乐的动作来敷衍。他经常说："戏曲现代戏，首先是戏曲，哭、笑、怒、骂都不能是自然主义的。讲究无声不唱，有动必舞，举手投足，行动坐卧要服从一定的规范，带有舞蹈化的色彩。现代戏这三个字又要求我们认真学习科学的表演理论并用以指导实践，寻求人物合理的行为依据。完美漂亮的外部动作如果没有充分的内心依据与饱满的感情内核，必定缺乏感染人、打动人的艺术魅力。"

尚导演待人宽厚。他排戏从不训人，不挖苦人，启发诱导是他最擅长的导演方式。人们时常见到他在排演时情绪激动，圆睁双目，手舞足蹈，这往往是到了戏最较劲儿的高潮，而演员却找不着感觉无所适从之时，经他鼓动、启发、煽情，演员能不知不觉随着他走近人物，走进规定情景，走进那物我两忘的艺术境界。

艺术创作是件很难的事。聪颖睿智、才华过人的尚导演在艺术创作上不敢掉以轻心，粗制滥造。殚精竭虑、废寝忘食、千锤百炼、精益求精这几个成语，正是他创作态度的真实写照。只要接手执导一个戏，他就会排除一切干扰，把全部心思扑在这个戏上。排演进入最较劲儿的阶段时，除去睡觉、上厕所，他几乎不离开排演场一步，连饭都让人送到排演场来吃。夜半更深，城市的喧嚣转入寂静，辛苦一天的人们早已酣然入梦，尚之四导演却往往在此刻进入他思维活跃的高峰期。他冥思苦想，回顾白天的排练，检讨寻觅哪怕是细枝末节处导演处理疲软的“败笔”，反复比较不断涌现在脑海中的一个又一个新方案。有时灵感突至，忽现神来之笔，他激动得忘却已是深夜或翌日凌晨，急匆匆披衣而起，当即实验他的新构思。他从没觉得某某戏已经达到某种艺术高度，无需再修改、再加工、再提高了，在艺术上他永不停步地跋涉着、探索着、追求着。《李二嫂改嫁》初次公演一炮打响，1954 年华东会演轰动剧坛，1955 年进京演出享誉全国，1957 年由长影拍成戏曲艺术片，每一个新的台阶伴随着一次又一次艺术上新的飞跃。直到 1962 年，该剧在演出 10 年并获得众多荣誉之后，尚导演又做了一次大的调整，增加了“悲切切出门来”这一脍炙人口的唱段，使人物的思想变化更为清晰，性格更为鲜明，情节发展更显跌宕，全剧演出更为和谐。

如果说导演艺术家在排戏期间旦夕不辍，魂萦梦绕，全身心投入是共有的艺术素质，那么尚导演的难能可贵之处便在于他日常公演时那种不松不懈、孜孜以求的认真态度。每次演出前，再熟的戏也要全部排练；每场演出，观众席里有他一个固定的座位，他随身带着笔和本子，边看演出边随手记下他认为需要改进的方面。演出结束，所有参与的演职员一律先到台上集合，听他对当天演出的评价，并调整需要改进的音乐、舞美或表演方面的问题。在他调离吕剧院之前几年间，几乎天天如此，场场如此。由此人们也不难理解为什么像柳子戏《孙安动本》《玩会跳船》，山东梆子《墙头记》《万家香》，京剧现代戏《奇袭白虎团》等这些剧坛称赞、同行折服的精品名作均出自他的手了。他在戏曲改革和戏曲导演艺术方面作出了重大贡献，尤其在戏曲反映现实生活，努力探求戏曲新形式方面所表现出的独创性，为当代戏曲艺术增添了新的光彩。

尚之四毕生惦念吕剧艺术的发展。在他瘫痪失语前，由他倡议召开“首届吕剧艺术研讨会”，对吕剧发展提出了很好的见解：一个剧种没有观众、没有戏迷，就失去了存在的根基，要把观众对吕剧那股热乎劲儿重新掀起来，培养新一代吕剧迷。关注人才成长，领导下大气力培养，青年人自己也要争气发愤图强，“打铁先要自身硬”，没有好演员的剧种、剧团是没有前途的。在音乐上要继续挖掘传统和向兄弟剧种学习，丰富吕剧音乐的色彩，增强吕剧音乐的表现力。他关于专业剧团要加大吕剧发源地业余剧团的扶持力度，巩固根据地的意见，很有见地。

尚之四是倒在吕剧舞台上的。看了新排的《田家父子》，他为演职员们详加评述，逐条指点。一谈戏他就兴奋、激动，导致浑身麻木，“脑梗”瘫痪卧床。刚住院的前几年还能用左手写字，后几年连字都不能写了，沟通思想的渠道没有了，他十余年失语，基本成了植物人。

郎咸芬与尚之四等合影

郎咸芬说：“在他住院期间，除非出发在外，我经常去看他。也许真有‘心灵感应’这一说。有一次，我和郭丽华去医院看望他，特意请剧团的摄影师一起到医院。望着老团长那瘦得脱了形的脸，那一刻，半辈子的事都浮现脑际，是他改变了我，没有眼前这个人就没有我郎咸芬的今天……心中的酸楚化作无声的泪水，我俯在他的脸前，深情地亲吻了他。摄影师不失时机地留下了这一瞬间。离开病房时，我突然有种难舍难离的眷恋之情涌上心头，抑制不住趴在尚老身上像小孩似的大哭起来。我也责备自己，不该当着家属的面做出这样失态的举动，放任情绪宣泄，可是我实在控制不住自己。在这之后不久，尚老就永远离开了我们。”

“我的恩师就是这样一个至死都念念不忘戏曲、不忘吕剧的人。世无完人，可我的恩师是个好人，是个正直的人，是个艺术上不断探索、永远进取的人，是个把毕生心血献给戏曲事业的人。他引导我走上艺术之路，也引导我走上做人之路。”

三、挚友张斌

如果说尚之四导演通过《李二嫂改嫁》奠定了吕剧的表演风格，那么，张斌先生和他的同事们则是通过《李二嫂改嫁》，让观众真正感受到了吕剧音乐的魅力。

通过《改嫁》的排练，张斌逐渐熟悉了她嗓子的音质、音色、音域。作曲时，他注意扬长避短，最大限度调动她嗓音的潜力，使她能够在演唱中自由地、细致地表达出人物感情。他谱写的唱腔旋律，继承了前辈艺人朴实、自然、口语化、生活化的特点，大胆地从兄弟剧种中汲取营养丰富吕剧音乐，提高了吕剧音乐的表现能力。他和郎咸芬在几年的合作中，相互理解，达成默契。继《改嫁》之后，在《穆桂英》《蔡文姬》中，张斌为她谱写的唱腔旋律，唱起来声音舒服，饱含着丰富感情。张斌在给演员试唱他谱写的唱腔旋律时，往往同时讲解他的创作意图。他总是鼓励演员发挥主观能动性，不要去死啃谱子。他说：“好演员之所以唱得好，就在于他们能够做到把唱腔变为表达角色自己内心情感的语言，唱得让人久久回味，耐人咀嚼，这才是演唱的最高境界。”郎咸芬演唱取得的成绩，应该有张斌先生的一大半功劳。

张斌1929年出生在山东宁津农村一个民间艺人家庭。抗战时期的1942年，他是儿童团的小指导员，1947年入党、入伍，1949年调渤海一军分区文工队，翌年，调入山东省地方戏曲研究室，开始了他现代吕剧音乐的研究与创作生涯。他还是《改嫁》第一个扮演张小六的演员。

父、祖辈拉弦卖艺，他自幼深受熏陶，西河大鼓、河南坠子等耳熟能详，对诸如京剧、梆子、落子（评剧）摸弦能拉，开口会唱。进入山东省戏曲研究室后，他又广泛研究了省内几大地方剧种的音乐，这为他以后的吕剧音乐创作积累了丰富的素材。

他的唱腔音乐设计，用演员们的话说：“好学、好唱、好听。”做到这几点，并非易事。

郎咸芬的嗓子音域不宽，但浑厚，张斌的作曲使她的嗓音优势得到充分发挥，为成功塑造人物的艺术形象起到重要作用。

在《蔡文姬》一剧中，蔡文姬苦苦思念留在匈奴的一双儿女，夜不成寐，哀怨悲怆之情无以言表，深夜来到父亲墓前倾诉内心悲苦。经过汉使董祀入情入理的恳切劝解，蔡文姬幡然醒悟，为自己深陷儿女私情不能自拔而自责。张斌设计的这大段“四平”板式唱腔既展示了演员的演唱技巧，又符合人物的感情要求。

其次，张斌非常善于捕捉人物感情的细微变化，并运用简单的旋律向观众清楚明了地表达出来，达到了唱词、音乐、表情、动作协调一致，完善融洽的境地，把观众自然而然带入到彼时彼刻的规定情景之中。在《改嫁》中的“李二嫂眼含泪关上房门”“借灯光我赶忙飞针走线”等重点唱段中，都显示出张斌音乐中细致入微刻画人物复杂心情的创作功力。

张斌有奇能，学什么剧种像什么剧种，唱什么戏都唱得韵味十足，唱悲腔苦调能让听者泪流不止。“初入戏曲之门遇到这么一位好老师，也是我的幸运。我从他那里知道什么是十三辙，每个辙口的发声部位在什么地方。他边唱边讲字头、字腹、字尾，如何行腔、润腔，怎样掌握头腔、鼻腔、胸腔的共鸣，如何运用丹田之气，啥叫以字行腔，以声传情，以情带声，声情并茂。他指导我练习把握这些演唱的基本技巧。”

张斌反复强调一句话：把唱腔变为表达角色自己内心情感的语言。他常说，“论演唱的功夫，咱不如人家常香玉、小白玉霜。咱吕剧演员就靠一条打动人——唱情。演唱没情，就等于抽了魂，剩下个干干巴巴的空壳子。咱吕剧还有个特点就是说中有唱、唱中有说，和拉家常话儿一样，让老百姓听得懂、听着亲。”他指导郎咸芬演唱《穆桂英》“责保”一段唱腔时，就强调要突出吕剧平民化的特点，把穆桂英对杨宗保的疼爱之情凸显出来，平心静气地说理、劝慰，这样才能打动杨宗保，才能打动观众。

作为新吕剧音乐奠基人之一的张斌先生，对待传统既不搞虚无主义，也不固步自封，随着剧目的丰富，不同题材、不同风格的新戏继续摆上案头，这也使得他在不断探索、不断进取的创作道路上不断取得新成绩。

他不抛开传统另起炉灶，更不是海阔天空信马由缰，让别人听着什么剧种也像，什么剧种也不像。不知道张斌是不是梅兰芳先生“移步不换形”理论的信奉者，反正他的曲子不管怎么变，观众都承认是韵味十足的吕剧。

《蔡文姬》说的是汉代女诗人蔡文姬的一段人生遭际。她的《胡笳十八拍》是经典名作，搬到吕剧舞台上该怎么唱？吕剧传统戏多是家长里短的情节，俗言理语的唱词。《小姑贤》里儿媳唱“儿媳我去煮鸡子儿”，婆婆唱“为娘我不吃那鸡腚里拉”。用写这种唱词的旋律去演唱“东风应律兮暖气多，知是汉家天子兮布阳和”，显然是牛头不对马嘴。这就必须要另辟蹊径，再创新腔。

张斌在曲牌“凤阳歌”的基础上加以改编创新，谱写出一段韵律古朴典雅、充满诗情画意的旋律，大气磅礴，气势恢宏。前奏曲用笛子重奏和晨钟，以及唢呐奏出的马嘶声，描绘出一望无际大草原的壮丽画卷。四句合唱抒情欢快，音韵悠长，很好地烘托出胡汉一家、民族和睦的升平气象。

张斌亦如尚之四一样，离开山东省吕剧团后，把关注的目光投向省内剧种。凡山东省进京汇报演出的剧目，或五音戏、吕剧、山东梆子、茂腔、两夹弦等，均由张斌统筹全剧音乐部分，重新整理。他为某剧种创造的新板式，至今已成为该剧种音乐中不可或缺的重要组成部分。根据上级指示，尚、张调离还有一个目的，想发展一个新剧种——鲁剧。把柳子、山东梆子、四平调、吕剧等音乐综合起来，试排了几个小戏后，演出效果不佳，也就不了了之。

就是这样一位“红小鬼”出身的才华横溢的音乐家，最终含冤丧命于“文化大革命”的黑风浊浪之中，享年不到四十岁。实在让人惋惜，让人痛心。

尚之四、张斌二人，在新吕剧创建之始，如“车之两轮，鸟之双翼”，在大家共同努力之下，带动吕剧从黄河之滨飞向省城，飞向京沪，飞向全国。

郎咸芬的从艺道路，正如她所言，是遵循着党所指引的方向一步步地走过来的。生活是创作的唯一源泉，这是颠扑不破的艺术真理。郎咸芬既是这一真理的忠诚实践者，也是这一真理的受惠者。

就吕剧的艺术表现力而言，生活化是其所长，而规范化是其所短。郎咸芬及其同行们为了进一步发展吕剧艺术，一方面努力提高自己的表演才能，使自己所营造的戏剧情境、所塑造的舞台形象更加艺术化，力求达到生活化与规范化的统一；一方面努力拓展戏剧题材，先后塑造了《穆桂英》《蔡文姬》《桃花扇》《梨花狱》等剧中各类古代妇女形象。数十年的辛劳汗水，浇铸了她自己的表演风格：朴实无华，富于激情，蕴藉深厚，蓄势待发，以生活情境和人物的性格为基因，体验与表现自然融合，从而塑造出鲜明的舞台形象。

她的唱腔浑厚脆亮，穿透力强，音乐形象丰满，韵味绵醉。可以说，吕剧由一个在山东局部地区流行的民间地方小戏，发展为在全国有影响的大剧种，郎咸芬作出了里程碑式的贡献。

郎咸芬时刻牢记是党和人民把她培养成一位著名的表演艺术家，她要把自己的艺术奉献给党和人民。从艺以来，她演出了历史题材、现实生活题材和革命历史题材的剧目三十余出，塑造了不同身份、类别、性格的人物形象。这些作品，无不是内容健康、思想有益，给人以审美愉悦。

郎咸芬视吕剧艺术为生命。新时期以来，处于社会转型期的戏曲一时还难以适应，陷于困境，吕剧亦不例外，郎咸芬为此四处奔走，努力为吕剧事业的发展营造良好的生存环境，一手抓创作，一手抓管理，带出一支好的队伍，创演了《山高水长》《石龙湾》《苦菜花》等优秀剧目。

为了吕剧事业后继有人，多年来她倾注全部心血传授技艺，培育弟子。她的学生遍及齐鲁大地，其中不少已成为活跃在第一线的骨干力量。她教戏更教人，特别重视学生的思想意识和道德修养，言传身教，以自己的德艺双馨为学生树立榜样。

郎咸芬是齐鲁大地的优秀女儿，也是中国戏剧界的一代巾帼英豪。

附：郎咸芬大事年表

1935年9月，出生于山东潍坊，在新华中学读书期间，作为学校文艺骨干主演了《张秀兰购买公债》《买卖婚姻》等剧。

1951年5月，考入潍坊特别市文工团，参与演出了《李二嫂改嫁》《刘胡兰》《黄烟》《三世仇》《红旗歌》《十二把镰刀》等剧。

1952年5月，调入益都电影院参与海报撰写和播音广播等工作，后调入山东省实验歌剧团。

1953年11月，参与山东省吕剧团建团公演，主演《李二嫂改嫁》，大获成功。

1954年8月，主演的《李二嫂改嫁》参与山东省第一届戏曲观摩演出大会，获得集体奖；同年9月，在华东戏曲汇演中演出《李二嫂改嫁》，获演员一等奖，并作为演员代表发言。

1955年3月，被增补为第一届全国人大代表，后来又被选为二、三、四、五、七届全国人大代表；同年9月，进京汇报演出，为中央领导、解放军各部委和专家同行演出了《李二嫂改嫁》等剧；后在东北三省的沈阳、长春、鞍山演出，场场爆满，在沈阳入选“最受欢迎的十位戏曲演员”。

1955年年底至1956年3月，赴朝鲜战争前线演出3个月，主演剧目有《李二嫂改嫁》《喝面叶》等。

1956年6月至8月，参加了文化部组织的第二届戏曲演员讲习会；同年11月中旬至1957年年初，与京剧大师程砚秋一同代表中国文艺界随人大代表团出访东欧六国，并曾在克里姆林宫接受赫鲁晓夫宴请。

1957 年，在长春电影制片厂拍摄戏曲电影《李二嫂改嫁》，历时近八个月，上映后获得首届百花奖最佳戏曲片奖；同年 7 月 21 日，与京剧大师梅兰芳等倡议中国戏曲界“不演坏戏”。

1958 年，排演了吕剧史上第一出大型武戏《穆桂英》，向山东省委领导汇报演出；在河南巡演时移植了剧目《朝阳沟》。

1959 年，加入中国共产党；同年 10 月，在北京参加庆祝国庆 10 周年宴会；同年在济南交际处为郭沫若演出《借亲》，并被赠以《蔡文姬》剧本。

1960 年 1 月，在山东省第一届吕剧观摩演出大会上主演《蔡文姬》，并任大会委员；同年，在东北三省巡演《朝阳沟》《蔡文姬》等剧。

1961 年，排演了名剧《桃花扇》；同年秋天，为毛泽东汇报演出《借亲》。

1963 年，赴掖县深入生活；排演了《文成公主》《丰收之后》并任主演；为刘少奇汇报演出《两个心眼》等剧。

1965 年 3 月，主演的《沂河两岸》赴上海参加现代戏调演；上海电影制片厂筹备电影拍摄事宜。

1966 年 4 月，在广东、深圳等地主演《沂河两岸》，受到陶铸、许世友等领导接见；同年 9 月开始，因所谓的执行“修正主义文艺黑线”被造反派批斗，后被打为“三名三高”人物而禁止登台，一度精神失常；后在杨男、杨得志等首长的干预下逐步恢复舞台演出。

1975 年，在李先念的支持下主演了大型样板戏《杜鹃山》，向山东省市军区领导汇报演出，并在徐州参与了慰问解放军演出。

1978 年，在《于无声处》中饰演饱受迫害的老干部梅林。

1979 年，主演了《亲事》，并参与山东省戏剧调演，该剧获得剧本创作奖。

1982 年，在移植剧目《母与子》中饰演桂珍；出任山东省吕剧团副团长；被中央人民广播电台誉为“吕剧三杰”之一。

1983年，出任山东省吕剧团团长。

1984年，在移植剧目《梨花狱》中饰演武则天。

1985年，录制了广播剧《两姐妹》；撰写的《谈谈我和吕剧》获得山东省对台宣传优秀文稿奖；11月，作为慰问团副团长率山东省赴云南前线文艺演出慰问团到达老山战场慰问演出。

1986年3月，作为代表团团长率中国文联代表团出访澳大利亚、新西兰，在此期间被誉为“吕剧皇后”；同年年底，与京剧大师方荣翔、话剧表演艺术家王玉梅发起为残疾人募捐义演活动。

1987年，参与录制了齐鲁音像出版社出版的《吕剧电声新唱》。

1989年10月，以《李二嫂改嫁》唱片获首届中国唱片总公司金唱片奖；为主演《山高水长》赴沂蒙山体验生活，后在山东省第二届艺术节上获得表演一等奖。

1990年，出任山东省吕剧院院长；获得“山东省专业技术拔尖人才”荣誉称号；同年9月，作为代表团副团长出访香港，并主演了《蔡文姬·祭父》。

1991年6月，被国家批准享受政府特殊津贴。

1997年1月，随山东省人大代表团出访奥地利、荷兰、法国、瑞士；同年排演了大型现代戏《苦菜花》；同年10月，携大型现代戏《苦菜花》进京汇演。

1998年5月，获得文化部第八届文华表演奖，主演的《苦菜花》获得文华大奖。

1999年8月，获得中国戏剧节优秀表演奖；同年拍摄戏曲电视剧《苦菜花》，获得优秀表演单项奖。

2001年7月，从艺50周年庆祝活动在济南举行，各级领导、专家同行前往祝贺，越剧大师袁雪芬也托傅全香、范瑞娟带去贺信；其间正式收徒高静、李萍、胡静华、刘玉凤、杨春梅、史萍、秦霞、吕学勤、赵静、姜少华、赵秀敏共11人。

2002年，出任山东省吕剧院名誉院长、艺术总监；在国庆交响演唱会上演唱了《苦菜花》选段。

2003年11月26日，被选入山东省首批“齐鲁名人库”。

2004年4月，被授予中国戏曲现代戏突出贡献奖；同年5月1日，在第二届中国国际小戏艺术节上演唱了《李二嫂改嫁》片段。

2005年11月2日、3日，在天津主演了大型现代戏《苦菜花》。

2008年1月14日，被授予山东省文化艺术终身成就奖。

2009年5月26日，入选第三批国家级非物质文化遗产项目代表性传承人。

2010年9月20日，入选中华人民共和国成立60年来山东百名英雄模范人物。

2010年2月6日，被评70年山东妇女杰出人物。

2012年2月28日，收徒山东艺术学院教师王一凡；同年6月9日，被评为2011年度山东非遗保护十大模范传承人。

2012年8月17日，“吕剧表演艺术家郎咸芬从艺60周年研讨会”“纪念著名吕剧表演艺术家郎咸芬从艺60周年演唱会”在济南举行。

2013年10月15日，参与中国戏曲现代戏研究会第25届年会暨中国吕剧成就和发展研讨会，并发表讲话。

2014年10月，在山东省非物质文化遗产展演中表演了《李二嫂改嫁》片段。

2015年8月25日，入选2015年度“中华优秀传统艺术传承发展计划”之“名家传艺”，教授《李二嫂改嫁》《穆桂英》选场。

2016年3月开始，参与了《姊妹易嫁》青年演员培训班部分课程。

2017年5月11日，被聘为“博兴县传承保护国家级非物质文化遗产——吕剧”艺术顾问。

2017年6月18日荣获“中国文联终身成就戏剧家”称号。